봄비와 씨앗

언어치료 도구상자

화용언어 상황추론

지은이 홍언정

저자 서문

봄비와 씨앗

화용언어란 상황과 맥락에 맞게 이해하고 사용하는 능력을 말합니다. 화용언어 능력이 부족하면 타인의 의도나 상황의 흐름을 이해하지 못한 채 부적절한 행동을 보이곤 합니다. 특히 공공장소나 일상 속에서 요구되는 사회적 규칙과 암묵적 기대를 익히지 못한 채 겪는 곤란한 상황들은, 단순한 어휘나 문법 지식만으로 해결하기가 어렵습니다.

이는 화용언어가 단계적이고 복합적인 발달 과정을 통해 성장한다는 점에서 반복적이고 상황 중심의 훈련이 반드시 필요하다는 것을 보여줍니다.

이러한 필요를 바탕으로, 아이들이 실제 생활에서 마주할 수 있는 **50가지의 대표적인 사회적 상황**을 선별하여 교재로 구성하였습니다. 각 상황은 난이도에 따라 4단계로 나뉘며, 그림 속 인물 수, 배경의 복잡성, 문제 요소 수에 따라 점진적으로 난이도가 높아지도록 설계했습니다. 그림을 중심으로 **① 상황을 이해하고, ② 핵심 어휘를 문맥 속에서 연결하며, ③ 대화를 통해 추론하고, ④ 놀이형 활동으로 마무리**하는 구조를 제공하여 아이들의 화용능력을 내면화할 수 있도록 돕고자 했습니다.

도구상자 10 '화용언어 상황추론'은 아이들이 직접 추론하고 표현하며, 단순한 언어 지식이 아닌 사회적 의사소통 능력을 기를 수 있는 실질적인 도구가 될 것입니다. 또한 반복되는 질문과 대화 구조는 아이의 메타인지적 언어 사용을 자극하고, 어휘 선택과 감정 표현, 타인의 관점을 이해하는 것에 이르기까지 화용언어의 다양한 하위 기술을 통합적으로 훈련할 수 있게 합니다. 나아가 아이 혼자 풀어보는 것이 아니라, 부모님 또는 교사와 함께 이야기를 나누며 풀 수 있는 구조로 구성되어 있어, 가정과 치료실, 학교 현장에서 다양하게 적용될 수 있습니다.

이 교재는 단순히 **'사회적 규칙'**을 주입하지 않습니다. 아이들이 왜 그런 상황이 문제인지 스스로 생각해 보고, 어떻게 말하고 행동해야 하는지를 자신만의 언어로 풀어내도록 이끕니다. 어른이 먼저 기다려주고, 함께 생각해 준다면 아이들은 '말' 보다 더 깊은 이해와 실천의 힘을 얻게 됩니다.

도구상자 10 '화용언어 상황추론'이 단순한 언어 학습을 넘어, 당황스러웠던 순간을 성장의 기회로 바꿔 주어 아이들의 삶을 풍부하게 만들어 줄 대화의 발판이 되길 바랍니다.

지은이 **홍연정**

활용 방안

봄비와 씨앗

이야기 상자

그림 속 상황을 이야기 형식으로 구성하여 이야기의 흐름을 자연스럽게 따라가며 상황을 이해할 수 있도록 도와줍니다. 이야기를 통해 무슨 일이 일어났는지 생각해 보며 인과관계를 파악하고 이야기 구성 능력도 키울 수 있어요

Tip
- 누가 나왔는지, 어떤 일이 있었는지 이야기해 보세요.
- 왜 그런 일이 일어났는지 함께 생각해 보세요.

상황 상자

상황을 이해하고 문제 상황을 인식하는 연습을 할 수 있습니다. 그림 속 상황을 보고 어디에서, 누가 등장하고, 무슨 일이 일어났는지 질문을 통해 문제 상황을 이끌어보세요.

Tip
- 누구, 어디, 무엇의 질문을 통해 문제 상황의 단서를 찾아보세요.
- 다음에 어떤 일이 일어날지, 다른 사람은 어떤 느낌을 받았는지 질문 해보세요.

대화 상자

등장인물 간의 대화가 담겨 있어 대화 순서, 말투, 상황에 맞는 표현을 배울 수 있습니다.

Tip
- 보호자나 교사와 등장인물 역할을 맡아 함께 대화해 보세요.
- '이 상황에서 이렇게 말하는 건 어땠을까?'하고 생각해 보는 활동도 좋아요.
- 그림만 보고 대화를 상상한 뒤 역할놀이도 해보세요.

추론 상자

상황에서 문제를 파악하고, 원인을 찾고, 결과를 예측하여 문제를 어떻게 해결할 수 있을지 생각을 넓혀보는 활동입니다.

Tip
- '어떤 문제가 있었을까? 나라면 어떻게 했을까? 그 상황에서 뭐라고 말하면 좋을까?' 등의 질문을 던져 대화를 이끌어보세요.
- 다양한 해결 방법을 이야기하며 서로의 생각을 비교해 보세요.

어휘 상자

상황 속 알아야 할 중요 단어로 구성되었습니다. 단어의 뜻을 맥락 안에서 유추해 보고 예문을 통해 단어의 쓰임새도 익힐 수 있어요.

Tip
- 그림 속 장면에 어울리는 단어를 생각해 보세요.
  또한 비슷한 말이나 반대말도 함께 떠올려 보세요.
- 예문 만들기, 단어 바꿔 말하기 활동도 해보세요.
- 이 단어가 왜 여기에 나왔는지도 함께 이야기해 보세요.

경험 말하기

아이가 스스로 비슷한 경험을 떠올려 그림 상황과 연결해 보는 활동입니다. 경험 말하기를 통해 경험을 되돌아보고, 기억을 떠올리며, 자연스럽게 대화를 확장하도록 유도해 주세요.

Tip
- '너도 이런 일이 있었어? 그때 어떤 기분이 들었어? 다른 선택을 했다면 어땠을까?' 등의 이야기를 나눠보세요.
- 아이가 다양한 감정에 대해 말할 수 있도록 도와주세요.
- 아이의 경험을 존중하며 경청해 주세요.

카드 순서표

봄비와 씨앗

1 강아지에게 사료를 많이 주었어요

이야기 상자

우리 집 강아지 망고는 가족마다 맡은 **담당**이 있어요. 목욕은 아빠가 담당, 산책은 엄마가 담당, 놀아주는 건 내가 담당이에요. 오늘은 엄마가 친구들을 **초대**하셔서 아주 바쁘셨어요. 그래서 나는 엄마를 **대신해** 망고에게 밥을 줬어요. 망고 밥그릇에 사료를 조금만 주려다가, 망고가 좋아하는 모습을 보니까 나도 모르게 사료를 **많이 부었어요.**

대화 상자

용이 망고야 많이 먹어~

엄마 망고 밥 주는 거니?

용이 네 엄마~ 망고 밥 주고 있어요.

엄마 착하네~ 망고 밥도 챙겨주고

용이 엄마 망고가 좋아해요.

엄마 허억! 근데 이렇게나 많이 주면 어떡하니! 적당히 줘야지.

용이 많이 주면, 망고가 더 좋아할 것 같아서요.

엄마 너무 많이 먹으면 망고 살쪄. 적당히 줘야 해.

어휘 상자

• **담당** 명	어떤 일을 책임지고 맡는 것	오늘 청소 **담당**은 아빠예요.
• **초대** 명	사람을 불러 대접함	생일파티에 **초대**되어 신나요.
• **대신하다** 동	다른 사람 일을 자기가 맡는 것	형이 나를 **대신해서** 요리 했어요.
• **많다** 형	가득하다, 넉넉하다	엄마가 사과를 **많이** 사 오셨어요.
• **붓다** 동	따르다	유자차를 마시려고 컵에 물을 **부었어요**.

상황 상자

- **이곳은 어디인가요?** 집
- **누가 있나요?** 용이, 엄마, 망고(강아지)
- **무엇을 하고 있나요?** 용이가 망고(강아지)에게 사료(밥)를 주고 있어요.
- **어떤 문제가 생겼나요?** 망고(강아지)에게 사료(밥)를 너무 많이 주었어요.

추론 상자

- **오늘은 왜 용이가 강아지에게 밥을 주었나요?**
- **강아지가 밥을 너무 많이 먹으면 어떻게 될까요?**
- **용이는 앞으로 강아지에게 밥을 줄 때 어떻게 해야 할까요?**

동물들에게 먹이를 주었던 경험이 있나요?
어떤 동물에게 어떤 먹이를 주었는지 이야기해 보세요.

2 모락모락 뜨거운 김을 만지려고 해요

이야기 상자

6시가 되자 **배고파서** 배에서 꼬르륵 소리가 났어요. 엄마는 내가 좋아하는 소고기뭇국을 **끓이고** 계셨어요. 맛있는 냄새가 나서 주방으로 달려갔어요. 냄비 위로 **모락모락** 하얀 김이 올라왔어요. 나는 "와, 연기 같다! 너무 **신기해요**!"하며 손을 뻗었어요. 그때 엄마가 깜짝 놀라며 말했어요. "뜨거운 김을 만지면 **화상**을 입을 수 있으니까 가까이 가지 마!"

대화 상자

엄마 범이가 좋아하는 소고기뭇국 다 되어 가네.

범이 엄마 배고파요 얼른 먹고 싶어요.

엄마 조금만 더 끓이면 먹을 수 있어.

범이 근데 이건 뭐예요? 신기해요~ 연기 같아.

엄마 김이 모락모락 올라오지?

범이 만져봐도 돼요? 잡아보고 싶어요.

엄마 만지면 안 돼! 화상 입을 수 있어!

어휘 상자

배고프다 형	속이 비어서 음식이 먹고 싶다.	아침에 아무것도 안 먹었더니 **배고파요**.
끓이다 동	국이나 차 같은 것을 만들다	아빠가 할머니 드리려고 콩나물국을 **끓이고** 있어요.
모락모락 부	연기나 냄새, 김 따위가 조금씩 피어오르는 모양	주전자에 보리차를 끓이니 김이 **모락모락** 올라왔어요.
신기하다 형	놀랍고 이상하다	바위에 그림이 그려져 있어서 **신기했어요**.
화상 명	불이나 뜨거운 열에 데어서 생긴 상처	친구는 피부에 **화상**을 입어서 병원에 갔어요.

상황 상자

- **이곳은 어디인가요?** 주방
- **누가 있나요?** 범이와 엄마
- **무엇을 하고 있나요?** 엄마가 요리를 하고 있어요.
- **어떤 문제가 생겼나요?** 끓일 때 모락모락 올라오는 뜨거운 김을 범이가 만지려고 했어요.

추론 상자

- **범이는 왜 모락모락 올라오는 뜨거운 김을 만지려고 했나요?**
- **모락모락 올라오는 뜨거운 김을 만지면 어떻게 될까요?**
- **뜨거운 냄비나 그릇을 만져야 할 땐 어떻게 해야 할까요?**

무언가를 신기해서 만져보다가 위험했던 적이 있었나요?
그때 어떤 일이 있었는지 이야기해 보세요.

3 맞지 않은 옷을 억지로 입으려 고집부려요

이야기 상자

작년 추석에 할머니가 꽃무늬 **티셔츠**를 사주셨어요. **마음에 쏙 들어서** 그날부터 **매일** 입고 다녔죠. 그런데 어느 날 보니 티셔츠가 **작아**져서 배가 보였어요. 엄마는 이제 못 입는다고 **버리자**고 하셨어요. 나는 "안 돼! 이건 내가 제일 좋아하는 티셔츠야!" 하며 안 된다고 했어요. 오늘 유치원에 가려고 꺼내 입었는데, 정말 너무 작았어요. 엄마는 대신 꽃 그림이 있는 새 티셔츠를 사 주셨어요. 그런데 색이 보라색이라서 별로 마음에 들지 않았어요.

대화 상자

엄마 양이야! 그 옷은 너무 작아

양이 나는 이 옷이 좋단 말이에요.

엄마 몸에 맞는 옷을 입어야지.

양이 나는 이거 입고 갈래요.

엄마 배도 다 보이는데? 부끄러워~

양이 나는 이 옷을 입고 나가고 싶어요.

엄마 고집부리지 마. 너에게 맞는 옷 입고 가.

양이 힝.. 나는 이 옷이 너무 좋은데..

어휘 상자

티셔츠 명	'T'자 모양으로 생긴 셔츠	옷 가게에서 파란색 **티셔츠**를 샀어요.
마음에 들다 관	마음에 좋게 여겨지다	아빠가 사 온 자동차 장난감이 **마음에 들어요**.
매일 부	하루도 빠짐없이	**매일** 일찍 잤더니 키가 커진 것 같아요.
작다 형	기준보다 덜 하거나 크지 않다	할머니에게 선물 받은 티셔츠가 이제는 **작아요**.
버리다 동	필요가 없는 것을 내던지거나 쏟거나 하다	다 먹은 음료수 캔을 **버렸어요**.

상황 상자

- **이곳은 어디인가요?** 집
- **누가 있나요?** 양이와 엄마
- **무엇을 하고 있나요?** 양이가 옷을 입고 있어요.
- **어떤 문제가 생겼나요?** 엄마에게 작은 옷을 입겠다고 고집을 부렸어요.

추론 상자

- **엄마는 왜 할머니가 사주신 티셔츠를 버리자고 했을까요?**
- **맞지 않은 옷을 입으면 어떻게 될까요?**
- **내 몸이 자라서 더 이상 맞지 않은 옷은 어떻게 하면 좋을까요?**

나에게 맞지 않은 것을 입거나 신겠다고 고집부린 적이 있나요?
어떤 물건이었는지 이야기해 보세요.

4 강아지 사료가 궁금해서 먹었어요

이야기 상자

망고는 우리 집 강아지 이름이에요. 아빠, 엄마와 **유기견** 보호소에 갔다가 너무 예뻐서 집으로 데려왔어요. 우리 집 막내가 된 망고를 위해, 내가 아끼는 그릇을 **사료** 그릇으로 쓰기로 했어요. 그릇에 **담긴** 사료가 과자처럼 보여서, 무슨 맛일지 너무 **궁금했어요**. 그래서 망고 밥그릇에 사료를 가득 부어 주고, 망고가 **먹는** 걸 옆에서 지켜봤어요. 그런데 나도 모르게 한 알 집어 먹어봤어요. 엇! 이게 무슨 맛이죠…?

대화 상자

용이 엄마~ 망고는 뭐 먹어요?

엄마 망고는 지금 사료 먹고 있어.

용이 사료가 뭐예요?

엄마 망고 밥이야~

용이 과자처럼 생겼네? 무슨 맛이지..? 먹어봐도 돼요?

엄마 강아지 밥이야 먹으면 안 돼~

어휘 상자

유기견 명	주인이 돌보지 않고 내다 버린 개	**유기견** 보호 센터에 가서 강아지들과 놀아주었어요.
사료 명	먹이, 모이	마트에 가서 고양이 **사료**를 샀어요.
담다 동	물건을 그릇 등에 넣다	음식을 그릇에 **담았어요**.
궁금하다 형	무엇을 알고 싶어 마음이 답답함	형이 왜 고양이를 좋아하는지 **궁금해요**.
먹다 동	먹을 것을 씹거나 삼켜서 배속에 넣다	식당에 가서 스파게티를 **먹기로** 했어요.

상황 상자

- **이곳은 어디인가요?** 집
- **누가 있나요?** 엄마와 망고(강아지)와 용이
- **무엇을 하고 있나요?** 용이가 망고(강아지)의 사료를 보고 있어요.
- **어떤 문제가 생겼나요?** 용이가 망고(강아지)의 사료를 먹었어요.

추론 상자

- **용이는 왜 강아지 밥을 먹으려고 했나요?**
- **사람이 강아지 밥을 먹으면 어떤 일이 생길 수 있나요?**
- **친구가 동물 사료의 맛이 궁금해서 먹으려고 할 때 어떻게 말해줘야 할까요?**

먹으면 안 되지만 맛있어 보였던 것이 있나요?
언제 그랬는지, 어떤 것이었는지 이야기해 보세요.

5 핸드폰으로 유튜브를 계속 보고 싶어요

이야기 상자

저녁을 먹고 나면, 30분 동안 내가 보고 싶은 **유튜브**를 볼 수 있어요. 이 시간이 정말 신나요! 그런데 항상 **금방** 지나가 버려요. 오늘도 재밌게 보고 있는데, 엄마가 "이제 30분 지났어"라고 하셨어요. "에이, 아직 3분밖에 안 지난 것 같은데요?" 그때 엄마가 내 눈을 보시더니, 뭔가 이상하다고 하셨어요. 거울을 보니 눈이 빨갛게 **충혈돼** 있었어요. 괜찮을 줄 알았는데, 눈이 너무 **건조해서** 깜빡이기도 불편했어요. 엄마는 "내일 **안과** 가 보자"라고 하셨어요. 내 눈, 다시 괜찮아질 수 있겠죠?

대화 상자

엄마 약속한 시간이 지난 것 같은데..?

범이 조금만 더 보고요.

엄마 우리 1시간 보기로 했잖아.

범이 하나만 더 보고 끌게요.

엄마 눈이 건조해 보이는데 너 거울 좀 봐.

범이 헉! 엄마! 내 눈 왜 이래요?

엄마 계속 핸드폰 봐서 그렇지.

어휘 상자

유튜브 명	구글이 운영하는 동영상 공유 서비스	멋진 가수가 춤추는 영상을 **유튜브**로 보았어요.
금방 부	곧, 갓, 곧바로	형이 블록으로 성을 **금방** 만들어 준다고 했어요.
충혈되다 동	핏줄이나 살갗이 빨갛게 되는 것	눈병에 걸려 눈이 **충혈되었어요**.
건조하다 형	말라서 습기가 없다	입술이 **건조해서** 피가 났어요.
안과 명	눈에 관계된 질환을 연구하고 치료하는 의학 분야	**안과**에 가서 눈 검사를 했어요.

상황 상자

- **이곳은 어디인가요?** 거실
- **누가 있나요?** 범이와 엄마
- **무엇을 하고 있나요?** 범이가 핸드폰으로 유튜브를 보고 있어요.
- **어떤 문제가 생겼나요?** 범이의 눈이 충혈되었어요.

추론 상자

- **범이는 왜 핸드폰으로 유튜브를 계속 보고 싶어 했나요?**
- **범이는 핸드폰을 오랫동안 보아서 어떤 일이 벌어졌나요?**
- **올바른 핸드폰 사용법에는 무엇이 있을까요?**

화면을 너무 오래 보거나 집중하다가 힘들었던 적이 있나요?
어떤 것을 보았는지 감정과 함께 이야기해 보세요.

쌀

6 세탁기 안에 쌀을 넣었어요

이야기 상자

평소에 엄마가 베란다에서 무엇을 하시는지 궁금했어요. 그래서 엄마 몰래 베란다에 나가 봤더니, 거기엔 **세탁기**가 있었어요. 세탁기 안을 들여다보니, 안쪽에 **구멍**이 **셀 수 없이** 많이 있었어요. 그 구멍을 보자 뭔가를 **채우고** 싶은 생각이 들었어요. 주위를 살펴보니 쌀이 보였고, 나는 그 쌀을 세탁기 구멍에 넣으려고 했어요. 하지만 그때 엄마가 나를 부르셨어요. 다행히 아직 쌀을 넣지는 않았어요. 엄마는 "세탁기에 이상한 걸 넣으면 **고장**이 날 수 있어. 세탁기에는 빨래만 넣어야 해"라고 말씀하셨어요. 나는 고개를 끄덕이며, 다시는 함부로 뭔가를 넣지 않기로 다짐했어요.

대화 상자

엄마 멍이야 거기서 뭐 하니?

멍이 세탁기 보고 있어요~ 구멍이 많아서 구멍에 넣어보려고요~

엄마 뭘 넣으려는 거니?

멍이 쌀이요.

엄마 뭐?! 큰일 나! 세탁기 고장 나!

멍이 구멍에 넣으면 재미있을 것 같은데..

엄마 그리고 세탁기 안에 들여다보는 것도 위험해!

어휘 상자

세탁기 명	빨래하는 기계	더러운 옷을 세탁기에 넣고 빨았더니 깨끗해졌어요.
구멍 명	패거나 뚫린 자리	개미가 구멍속으로 들어갔어요.
셀 수 없이 관	매우 많이 혹은 무수히 많이 넉넉히, 매우	밤하늘에 별이 셀 수 없이 많아요.
채우다 동	메우다, 보충하다	상자에 모래로 가득 채워요.
고장 명	물건이 망가지는 것	장난감이 고장 나서 소리가 안 나요.

상황 상자

- **이곳은 어디인가요?** 베란다
- **누가 있나요?** 멍이와 엄마
- **무엇을 하고 있나요?** 멍이가 세탁기 구멍에 쌀을 넣으려고 했어요.
- **어떤 문제가 생겼나요?** 세탁기가 고장 날 뻔했어요.

추론 상자

- **멍이는 왜 세탁기 구멍에 쌀을 넣고 싶어 하나요?**
- **세탁기 구멍 안에 쌀을 넣으면 어떤 일이 생길 수 있나요?**
- **만약 세탁기 안에 물건을 넣어 고장이 났다면 어떻게 해야 할까요?**

궁금해서 위험한 행동을 한 적이 있나요?
그때 어떤 행동을 했었는지 이야기해 보세요.

11 엄마 가방 안에 있는 물건을 다 꺼냈어요

이야기 상자

아빠와 엄마와 함께 카페에 왔어요. 아빠와 엄마가 이야기하시는데 내가 모르는 이야기들이라 심심해졌어요. 그래서 테이블 위에 있는 엄마 가방에 눈길이 갔어요. 엄마 **가방** 안에는 신기한 **물건**들이 정말 많아서 다 꺼내봤어요. 어떤 건 돌리면 빨간 풀처럼 생긴 게 쏙 올라와요. **호기심**이 생겨서 그걸 내 입술에 발라봤더니, 입술이 빨갛게 변했어요! 또 엄마 가방 안에는 내가 자주 쓰는 **물티슈**도 들어 있었어요. 엄마 가방은 산타할아버지의 **선물** 보따리처럼 느껴졌어요. 신나게 엄마 가방을 살펴보고 있는데 엄마가 얼굴을 찡그리며 말씀하셨어요. "다른 사람 가방은 허락받고 만지는 거야." 나는 다음엔 꼭 물어보고 만져야겠다고 생각했어요.

대화 상자

용이 우와~ 신기하게 생겼네.

엄마 엄마 가방 만지면 안 돼.

용이 엄마! 이거는 뭐할 때 쓰는 거예요?

엄마 엄마 입술에 바르는 거야.

용이 나도 발라봐도 돼요?

엄마 어허! 엄마 물건에 손대면 안 돼!

용이 궁금한데....

어휘 상자

가방 명	물건을 넣어 들거나 메고 다닐 수 있게 만든 용구	엄마 **가방** 안에는 차 열쇠가 있어요.
물건 명	상품, 제품	다른 사람 **물건**을 허락 없이 만지면 안 돼요.
호기심 명	새롭고 신기한 것을 좋아하거나 모르는 것을 알고 싶어 하는 마음	동생의 눈빛은 **호기심**이 가득 찬 눈빛이었어요.
물티슈 명	물기가 있는 축축한 휴지	운동화를 **물티슈**로 닦으니 깨끗해졌어요.
선물 명	남에게 인사나 정을 나타내는 뜻으로 물건을 줌	어린이날 **선물**로 운동화를 받았어요.

상황 상자

- **이곳은 어디인가요?** 카페
- **누가 있나요?** 엄마와 용이와 아빠
- **무엇을 하고 있나요?** 용이가 엄마 가방을 열어 살펴보고 있어요.
- **어떤 문제가 생겼나요?** 용이가 엄마의 물건을 함부로 만졌어요.

추론 상자

- **용이는 왜 엄마 가방 안에 있는 물건을 다 꺼냈나요?**
- **용이가 엄마의 가방 안에 있는 물건들을 함부로 만지면 어떻게 될까요?**
- **다른 사람의 물건이 궁금할 땐 어떻게 행동해야 할까요?**

다른 사람의 물건이 궁금해서 허락 없이 사용했다가 당황한 적이 있나요? 그때 어떤 일이 있었는지 이야기해 보세요.

8 블록 맛이 궁금해서 입에 넣었어요

이야기 상자

어린이날 선물로 알록달록한 **블록**을 받았어요. 블록을 하나씩 끼워 멋진 성을 **만들었어요**. **완성**된 걸 본 아빠가 "와! 진짜 멋진 성이 됐네!" 하고 칭찬해 주셨어요. 나는 이렇게 멋진 성을 만들 수 있는 블록이 무엇으로 만들어졌는지 궁금해졌어요. 색깔도 예쁘고 단단해서 문득 **먹어** 보면 무슨 맛일까 궁금했어요. 그래서 하나를 입에 넣으려는 순간, 아빠가 말렸어요. "그건 **음식**이 아니니까 먹으면 안 돼!" 나는 고개를 끄덕이며, 블록은 만드는 데만 써야겠다고 생각했어요.

대화 상자

양이 아빠~ 이것 좀 보세요.

아빠 블록으로 성을 만들었구나.

양이 블록으로 멋진 걸 만들 수 있다니 재미있어요.

아빠 블록이 모여 멋진 성이 되었네.

양이 근데 아빠 이 블록 신기해요~ 먹어봐도 돼요?

아빠 블록은 음식이 아니잖아! 먹으면 안 돼.

어휘 상자

• **블록** 명	쌓아 올리도록 만든 장난감	**블록**을 높이 쌓아 성을 만들었어요.
• **만들다** 동	꾸미다	모래로 모래성을 **만들고** 싶어요.
• **완성** 명	완전히 다 이룸	아빠와 함께 퍼즐을 **완성**했어요.
• **먹다** 동	들이마시다	아빠가 만들어준 스파게티를 맛있게 **먹었어요**.
• **음식** 명	사람이 먹고 마시는 것	김치는 우리나라를 대표하는 **음식**이에요.

상황 상자

- **이곳은 어디인가요?** 집 / 방
- **누가 있나요?** 양이와 아빠
- **무엇을 하고 있나요?** 블록으로 성을 만들고 있어요.
- **어떤 문제가 생겼나요?** 양이가 블록을 먹으려고 했어요.

추론 상자

- **양이는 왜 블록을 입에 넣었나요?**
- **양이가 블록을 먹었다면 어떻게 될까요?**
- **먹으면 안 되는 것이 궁금할 때 어떻게 해야 할까요?**

먹으면 안 되는 것을 먹은 적이 있나요?
어떤 것이었는지 이야기해 보세요.

변기에 물건을 넣었어요

이야기 상자

변기 레버를 누르면 물이 내려가는 게 정말 신기해요. "혹시 뭐든지 넣고 눌러도 다 내려갈까?" 하는 생각이 들었어요. 그래서 몰래 지우개, 색종이, 연필을 변기에 넣고 레버를 눌렀어요. 처음엔 물이 내려가더니, **갑자기** 변기가 **막혀** 버렸어요! 엄마가 깜짝 놀라시며 말씀하셨어요. "변기에는 이물질을 넣으면 안 돼! 고장 나고 **수리** 아저씨를 불러야 한단다." 나는 조용히 고개를 숙였어요. 다음부터는 절대 아무거나 넣지 않기로 **약속**했어요.

대화 상자

용이 오호~모두 내려볼까나?
엄마 용이야~ 어디에 있니?
용이 화장실에 있어요.
엄마 거기서 뭐 하고 있어?
용이 변기에 넣고 있어요.
엄마 뭐? 변기에 뭘 넣고 있어?

어휘 상자

• **변기** 명	똥이나 오줌을 누도록 만든 기구	변기가 막혀서 물이 안 내려가요.
• **갑자기** 부	생각할 겨를도 없이 빨리	갑자기 비가 내렸어요.
• **막히다** 동	통하지 못하다	도로 공사를 해서 차가 막혀요.
• **수리** 명	고장난 것을 고치다	에어컨이 고장 나서 수리해야 해요.
• **약속** 명	앞으로 어떤 일을 어떻게 할 것인지 미리 정하는 것	칭찬 스티커 10개 모으면 선물을 사주기로 약속했어요.

상황 상자

- **이곳은 어디인가요?** 화장실
- **누가 있나요?** 엄마와 용이
- **무엇을 하고 있나요?** 용이가 변기에 물건을 넣고 있어요.
- **어떤 문제가 생겼나요?** 변기가 막혔어요.

추론 상자

- **용이는 왜 변기에 물건을 넣었나요?**
- **변기에 물건을 넣고 물을 내리면 어떻게 될까요?**
- **변기에 물건을 넣어서 변기가 막혔다면 어떻게 해야 할까요?**

집이나 밖에서 물건을 잘못 넣어서 고장 났던 적이 있나요?
그때 어떻게 했는지 이야기해 보세요.

10 천장에 달린 선풍기를 만져볼래요

이야기 상자

우리 집 거실 **천장**에는 선풍기가 달려 있어요. 스위치를 누르면 날개가 빙글빙글 **돌아가면서**, **시원한** 바람이 **느껴져요**. 나는 그 돌아가는 날개를 손으로 만져 보고 싶었어요. 그래서 소파 위로 올라가 손을 뻗었지만, 키가 작아서 닿지 않았어요. 그때 엄마가 나를 보고 **부리나케** 달려오셨어요. "안 돼! 높은 데 올라가는 것도, 돌아가는 선풍기 날개를 만지는 것도 아주 위험해!" 엄마 말씀을 듣고, 나는 조심히 내려왔어요. 그리고 이제는 손으로 만지지 않고 바람만 느끼기로 했어요.

대화 상자

범이 아이 시원해라~
엄마 선풍기 쐬고 있니?
범이 엄마, 빙글빙글 돌아가요.
엄마 어머! 위험해! 얼른 내려와.
범이 돌아가는 거 만져보고 싶은데..
엄마 높이 올라가는 것도, 돌아가는 날개 만지는 것도 위험해.

어휘 상자

천장 명	지붕의 안쪽	천장에 별 스티커를 붙였어요.
돌아가다 동	물체가 한곳에서 계속 돌다	바람개비가 빙글빙글 돌아가요.
시원하다 형	덥거나 춥지 아니하고 알맞게 서늘하다	비가 오니 바람이 시원해졌어요.
느끼다 동	겪다, 깨닫다	넘어져서 다친 곳에 아픔이 느껴졌어요.
부리나케 부	서둘러서 아주 급하게	아빠는 부리나케 달려가서 약을 사 오셨어요.

상황 상자

- **이곳은 어디인가요?** 거실
- **누가 있나요?** 범이와 엄마
- **무엇을 하고 있나요?** 범이가 높은 곳에 올라가서 천장에 달린 선풍기를 만지려고 해요.
- **어떤 문제가 생겼나요?** 범이가 위험한 행동을 했어요.

추론 상자

- **범이는 왜 천장에 달린 선풍기를 만지려고 하나요?**
- **돌아가는 선풍기를 만지면 어떻게 될까요?**
- **친구가 위험한 행동을 하려고 하면 어떻게 말해줘야 할까요?**

위험한 곳에 있는 물건을 만진 적이 있었나요?
그때 어떤 일이 있었는지 이야기해 보세요.

7 싱크대 위에 위험하게 올라갔어요

이야기 상자

요플레가 먹고 싶어서 냉장고에서 꺼냈어요. 그런데 **숟가락**이 보이지 않았어요. 엄마에게 물어보니 "**싱크대 서랍** 안에 있어"라고 하셨어요. 나는 서랍이 높은 곳에 있는 줄 알고, 의자를 가져와 그 위에 **올라가** 보기로 했어요. 엄마가 나를 보시고 깜짝 놀라 달려오셨어요. "떨어지면 다쳐! 거긴 아니야!" 하고 소리치셨어요. 알고 보니 서랍은 **아래**에 있었어요. 엄마와 함께 싱크대 아래 서랍을 열어보니, 그 안에 숟가락이 많이 들어 있었어요. 다음부터는 꼭 물어보고 찾기로 했어요.

대화 상자

꿀이 엄마, 숟가락 필요해요.
엄마 싱크대 서랍 열어서 꺼내렴.
꿀이 네~제가 꺼낼게요.
엄마 숟가락 찾았니? 꺼냈어?
꿀이 찾고 있어요.~
엄마 어머! 어딜 올라가는 거야?!
꿀이 숟가락 찾으려고 하는 거예요.
엄마 서랍을 열면 된다고 했잖아~ 어서 내려와!
그렇게 올라갔다가 떨어지면 얼마나 위험한데!

어휘 상자

• 숟가락 명	밥이나 국물 따위를 떠먹는 기구	숟가락으로 국물을 떠서 먹었어요.
• 싱크대 명	개수대	싱크대 위에 과일을 올려두었어요.
• 서랍 명	끼웠다 빼었다 하게 만든 뚜껑이 없는 상자	서랍 안에서 포크를 꺼냈어요.
• 올라가다 동	기어오르다	원숭이는 나무 꼭대기까지 올라갔어요.
• 아래 명	어떤 기준보다 낮은 위치	할머니 집은 우리 집 아래층이에요.

상황 상자

- **이곳은 어디인가요?** 주방
- **누가 있나요?** 꿀이와 엄마
- **무엇을 하고 있나요?** 꿀이는 숟가락을 찾으려고 해요.
- **어떤 문제가 생겼나요?** 꿀이가 싱크대 위로 올라갔어요.

추론 상자

- 꿀이는 왜 싱크대 위로 올라갔나요?
- 싱크대 위에 올라가면 어떻게 될까요?
- 높은 곳에 있는 물건을 꺼내고 싶을 때 어떻게 해야 할까요?

위험한 행동을 해서 부모님께 혼이 난 적이 있나요?
어떤 행동을 했었는지 이야기해 보세요.

추워도 싫다고 옷을 안 입어요

이야기 상자

추운 **겨울**, 밖에는 하얀 눈이 펑펑 내리고 있었어요. 오늘은 가족과 함께 **식당**에 가서 맛있는 돈가스를 먹기로 한 날이에요. 아빠가 전화로 "곧 도착하니까 옷 입고 내려와!"라고 하셨어요. 엄마는 두껍고 따뜻한 **잠바**를 꺼내 주며 입으라고 하셨어요. 그런데 그 잠바를 입기 싫었어요. 잠바를 입으면 몸이 둥글둥글해지고 움직이기가 너무 **불편하다고** 느꼈거든요. 그래서 "안 입을래요! 너무 답답해요!" 하며 **투정**을 부렸어요. 엄마는 잠시 웃더니 "잠깐만 참으면 따뜻하게 식당까지 갈 수 있어"라고 말했어요. 결국 잠바를 입고 밖으로 나갔어요. 정말 따뜻했어요.

대화 상자

엄마 양이야 곧 아빠 도착하시니까 잠바 입고 나가자.

양이 엄마 나 잠바 안 입고 싶어요.

엄마 밖에 날씨가 추운데 안 입으면 어쩌려고? 왜 안 입고 싶니?

양이 두꺼운 거 불편해요. 그리고 나 안 추워요.

엄마 그래도 이렇게 나가기엔 너무 추워. 그러면 잠바 입지 않고 어떻게 하고 싶니?

어휘 상자

겨울 명	가을과 봄 사이에 날씨가 추운 계절	**겨울**에 스키장으로 놀러 가기로 했어요.
식당 명	레스토랑, 식점	맛있는 샌드위치를 파는 **식당**으로 가요.
잠바 명	점퍼	두꺼운 **잠바**를 입어도 너무 추워요.
불편하다 형	갑갑하다, 괴롭다	모르는 사람들 사이에 있으니 **불편해요**.
투정 명	떼, 불평	동생은 아빠가 선물을 사주지 않는다고 **투정**을 부렸어요.

상황 상자

- **이곳은 어디인가요?** 집 안
- **누가 있나요?** 양이와 엄마
- **무엇을 하고 있나요?** 엄마가 양이에게 두꺼운 잠바를 입으라고 하고 있어요.
- **어떤 문제가 생겼나요?** 양이는 두꺼운 잠바를 입지 않겠다고 했어요.

추론 상자

- **양이는 왜 엄마가 꺼내준 두꺼운 옷을 안 입으려고 하나요?**
- **추운 날 옷을 얇게 입으면 어떻게 될까요?**
- **날씨가 추운 날에는 어떤 옷을 입어야 할까요?**

추운 날 따뜻한 옷을 입기 싫었던 적이 있었나요?
그때 어떤 일이 있었는지 이야기해 보세요.

13 나뭇잎을 베란다 밖으로 던졌어요

이야기 상자

우리 집 **베란다**는 바람이 솔솔 불어서 참 시원해요. 밖을 보면 바람에 **나뭇잎**들이 떨어지는 모습이 재미있었어요. 그래서 나는 화분에서 작은 나뭇잎을 하나 똑 따서 베란다 밖으로 **떨어뜨렸어요**. 마치 새가 하늘을 나는 것처럼 나뭇잎이 **빙글빙글** 돌면서 아래로 날아갔어요. 그런데 그 모습을 본 아빠가 깜짝 놀라며 말했어요. “베란다 문을 열고 밖을 보는 건 **위험해**! 그리고 무언가를 밖으로 떨어뜨리면, 지나가는 사람이 맞아서 다칠 수도 있어. 절대 그러면 안 돼.” 나는 고개를 끄덕이며, 다시는 함부로 던지지 않겠다고 약속했어요.

대화 상자

멍이 와아~ 재미있다.

아빠 멍이야! 베란다에서 뭐 하는 거니?!

멍이 아빠 나뭇잎이 빙글빙글 돌면서 떨어져요.

아빠 그렇게 난관 붙잡고 있으면 위험해! 어서 내려와!

멍이 알겠어요. 아빠

아빠 그리고 밖으로 던진 물건을 지나가는 사람이 맞으면 큰일 나! 던지지 마!

어휘 상자

어휘	비슷한 말	예문
• 베란다 명	쪽마루	할머니 댁 베란다에는 꽃이 많이 있어요.
• 나뭇잎 명	나무의 잎	가을에는 나뭇잎이 색이 빨갛게 변해요.
• 떨어뜨리다 동	놓치다	수저를 바닥에 떨어뜨렸어요.
• 빙글빙글 부	뱅글뱅글, 삥글삥글	미끄럼틀을 타고 빙글빙글 돌았더니 어지러워요.
• 위험 명	위급, 위기	공사장은 위험하니 조심해야 해요.

상황 상자

- **이곳은 어디인가요?** 베란다
- **누가 있나요?** 멍이와 아빠
- **무엇을 하고 있나요?** 멍이가 베란다에서 놀고 있어요.
- **어떤 문제가 생겼나요?** 멍이가 베란다 밖으로 나뭇잎을 던지고 있어요.

추론 상자

- **멍이는 왜 나뭇잎을 베란다 밖으로 던졌나요?**
- **베란다 밖으로 물건을 던지면 어떤 일이 생길 수 있나요?**
- **베란다에서 안전하게 놀 수 있는 약속에는 어떤 것이 있나요?**

높은 곳에서 물건을 던졌거나 위험한 행동을 한 적이 있나요?
그때 어떤 일이 있었는지 이야기해 보세요.

14 책장을 타고 올라가 장난감을 꺼내려 했어요

이야기 상자

아빠는 **종종** 집에서 **장난감**을 **만들어요**. 그 장난감들은 하나같이 너무 **멋지게** 생겼어요. 그래서 나는 늘 만져보고 싶었어요. 그런데 아빠는 "이건 부서질 수 있어서 안 돼"라며 책장 맨 위 칸에 올려두셨어요. 어느 날, 아빠가 엄마와 이야기를 나누는 사이, 나는 몰래 아빠, 방에 들어갔어요. 책장을 올려다보니 그 멋진 장난감이 그대로 있었어요. 나는 장난감을 꺼내려고 책장을 타고 올라가기 시작했어요. 손끝에 장난감에 **닿으려는** 순간! 문이 벌컥 열리더니, 아빠가 크게 소리치셨어요. 나는 깜짝 놀라 그 자리에 얼어붙고 말았어요.

대화 상자

아빠 드디어 완성했다!
용이 아빠 그건 뭐예요?
아빠 아빠가 만든 배야 멋지지?
용이 내가 가지고 놀아도 돼요?
아빠 미안하구나..가지고 놀면 부서져서 너에게 줄 수가 없어.
용이 멋진 거 갖고 놀고 싶은데...

어휘 상자

• **종종** 부	가끔	멀리 이사 간 친구가 종종 생각나요.
• **장난감** 명	아이들이 가지고 노는 물건	장난감 가게에 오니 천국이 따로 없어요.
• **만들다** 동	꾸미다	색종이로 공룡을 만들었어요.
• **멋지다** 형	근사하다, 멋들어지다	결혼식장에 가야 해서 엄마는 나를 멋지게 꾸며주셨어요.
• **닿다** 동	다다르다, 도달하다	책이 너무 높은 곳에 있어서 내 손이 닿지 않아요.

상황 상자

- **이곳은 어디인가요?** 방
- **누가 있나요?** 용이와 아빠
- **무엇을 하고 있나요?** 용이가 아빠의 장난감을 만져보고 싶어 해요.
- **어떤 문제가 생겼나요?** 아빠의 장난감이 너무 높은 곳에 있어서 책장 위로 올라가려고 했어요.

추론 상자

- **용이는 왜 책장 위에 있는 것을 꺼내려고 하나요?**
- **책장을 타고 위로 올라가면 어떻게 될까요?**
- **높은 곳에 있는 물건을 꺼내려면 어떻게 해야 할까요?**

만지고 싶지만 참았던 물건이 있나요?
어떤 물건이었고 어떻게 참았는지 이야기해 보세요.

15 어항 속에 장난감을 넣었어요

이야기 상자

우리 집 **어항** 속에는 내가 좋아하는 작은 물고기들이 살고 있어요. 그중에서도 가장 좋아하는 물고기 이름은 구구예요. 나는 구구에게 내가 아끼는 **장난감**을 보여 주고 싶었어요. 그런데 구구는 어항 안에 있어서 잘 보이지 않는 것 같았어요. 그래서 구구가 잘 보게 하려고, 장난감을 어항 안에 **넣었어요**. 잠시 뒤, 구구가 장난감 **근처**를 **헤엄치며** 왔다 갔다 했어요. "구구야, 예쁘지? 나 이 장난감 정말 좋아해!" 이제 구구가 다 본 것 같아서 꺼내려고 했는데, 어?! 장난감을 꺼낼 수가 없어요… 어떡하죠?

대화 상자

멍이 내 장난감…
엄마 장난감이 왜?
멍이 내 장난감 못 꺼내겠어요.
엄마 장난감이 어디에 있는데?
멍이 어항 안에요…
엄마 장난감을 왜 어항 속에 넣었어!?

어휘 상자

어항 명	물고기를 기르는 데 사용하는 항아리	어항 안에 있는 물고기 색이 너무 예뻐요.
장난감 명	어린아이들이 가지고 노는 물건	친구가 내 장난감을 망가뜨려 속상했어요.
넣다 동	놓다, 담다	보석상자에 내가 아끼는 것을 넣었어요.
근처 명	가까이, 곁	불 근처에 가면 위험해요.
헤엄치다 동	물속에서 나아가기 위해 움직이다	고래는 깊은 바다에서 헤엄쳐 다닌다고 해요.

상황 상자

- **이곳은 어디인가요?** 집
- **누가 있나요?** 멍이와 엄마
- **무엇을 하고 있나요?** 멍이가 울고 있어요.
- **어떤 문제가 생겼나요?** 어항 속에 넣은 장난감을 못 꺼내고 있어요.

추론 상자

- **멍이는 왜 어항 속에 장난감을 넣었나요?**
- **어항 속에 장난감을 넣으면 어떤 일이 생길 수 있나요?**
- **어항 속에 있는 장난감을 안전하게 꺼내려면 어떻게 해야 할까요?**

좋아하는 물건을 보여주고 싶어서 특별한 행동을 해 본 적이 있다면 이야기해 보세요.

8 17 27
7 16 26
6 15 25
5 14 23
4 13 22
3 12 21
2 11 20

16 엘리베이터 버튼을 전부 눌렀어요

이야기 상자

엄마랑 마트에 다녀오는 길이었어요. 엄마가 무거운 짐을 많이 들고 있어서, 나에게 **엘리베이터** 버튼을 눌러 달라고 하셨어요. 버튼을 누르자 불빛이 반짝! 우와~ 마치 버튼이 **변신**한 것처럼 보여서 깜짝 놀랐어요. 너무 재미있어서 그만 모든 버튼을 다 눌러 버렸어요. 그 순간, 엄마가 놀란 얼굴로 말씀하셨어요. "그런 **장난**하는 거 아니야. 그렇게 하면 다른 사람들에게 **피해**를 줄 수 있어." 나는 엄마한테 **혼이** 났어요. 그제야 내가 잘못했다고 느꼈어요. 다음부터는 꼭 필요한 버튼만 누르기로 약속했어요.

대화 상자

엄마 엄마 손에 짐이 많으니까 우리 집 층 눌러줘~
꿀이 네 엄마!! 어? 색이 바뀌네?
엄마 다른 층은 왜 누르는 거야!?
꿀이 오호우~ 엄마 누르면 색이 바뀌어요.
엄마 우리가 내리는 층만 눌러야지! 다 누르면 어떡하니!!
꿀이 누르면 색이 바뀌니까.. 재미있어서요..
엄마 그런 장난치면 안 돼.
꿀이 안할게요..

어휘 상자

• 엘리베이터 명	승강기	**엘리베이터**에 사람들이 많이 타 있었어요.
• 변신 명	몸의 모양이나 태도 따위를 바꿈	어린이날 선물로 **변신** 로봇을 선물 받았어요.
• 장난 명	짓궂게 하는 못된 짓	우리 집에 놀러 온 친구는 **장난**꾸러기예요.
• 피해 명	손해를 입음	비가 많이 와서 사람들이 **피해**를 입었어요.
• 혼나다 동	야단맞다, 욕먹다	친구랑 싸워서 선생님께 **혼났어요**.

상황 상자

- **이곳은 어디인가요?** 엘리베이터 안
- **누가 있나요?** 엄마와 꿀이
- **무엇을 하고 있나요?** 엄마가 꿀이에게 엘리베이터 버튼을 눌러달라고 했어요.
- **어떤 문제가 생겼나요?** 꿀이가 모든 층 버튼을 눌렀어요.

추론 상자

- **꿀이는 왜 엘리베이터 모든 층 버튼을 눌렀나요?**
- **엘리베이터 모든 층 버튼을 누르면 어떤 일이 생길 수 있나요?**
- **엘리베이터에서 지켜야 할 규칙에는 어떤 것이 있을까요?**

엘리베이터에서 장난으로 버튼을 눌러본 적이 있는지 이야기해 보세요.

17 계단을 빠르게 뛰어 내려갔어요

이야기 상자

오늘은 아빠가 태권도 학원으로 나를 데리러 오셨어요. 학원은 2층에 있어서, 엘리베이터보다 **계단**으로 내려가는 게 더 **빠르다고** 생각했어요. 그래서 "아빠, 계단으로 내려가요!" 했더니, 아빠는 **흔쾌히** "그래!"하고 대답하셨어요. 나는 신이 나서 계단을 타고 휙휙 내려가기 시작했어요. 나는 **비행기**처럼 빠르게 날아가는 기분이었어요! 그때 아빠가 앞에서 말했어요. "조심해! 너무 빨라! **천천히** 내려가지 않으면 다칠 수 있어!" 나는 얼른 속도를 늦추고 조심조심 내려왔어요.

대화 상자

범이 아빠! 계단으로 내려가요.

아빠 그래~ 한 층만 내려가면 되니 계단으로 가자.

범이 오예~ 신난다.

아빠 빨리 내려가면 다칠 수 있으니 천천히 내려가자.

범이 나는 비행기다~~~~

아빠 범이야!! 다친다니까!! 한 칸씩 내려가야지!

어휘 상자

• **계단** 명	오르내리기 위하여 만든 층층대	**계단**을 많이 올라갔더니 다리가 아파요.
• **빠르다** 형	급하다, 날쌔다	치타는 토끼보다 달리기가 **빨라요**.
• **흔쾌히** 부	기쁘고 유쾌하게	엄마는 게임하는 것을 **흔쾌히** 허락해 주셨어요.
• **비행기** 명	양력을 이용하여 날아다니는 항공기	여름휴가 때 **비행기**를 타고 해외여행을 가기로 했어요.
• **천천히** 부	서서히, 슬슬, 느리게	할아버지는 **천천히** 걸어오셨어요.

상황 상자

- **이곳은 어디인가요?** 학원 건물
- **누가 있나요?** 아빠와 범이
- **무엇을 하고 있나요?** 집으로 가려고 계단을 내려가고 있어요.
- **어떤 문제가 생겼나요?** 범이가 계단을 빠르게 내려갔어요.

추론 상자

- **범이는 왜 계단을 빨리 내려갔나요?**
- **계단을 너무 빨리 내려가면 어떤 일이 생길 수 있나요?**
- **친구가 계단을 빠르게 내려간다면 어떻게 말해줘야 할까요?**

계단을 내려가다가 혼나거나 다친 경험이 있는지 이야기해 보세요.

18 화단에 쉬를 했어요

이야기 상자

영어학원이 끝나고 엄마와 함께 집에 돌아오는 길이었어요. 아직 집에 도착하지 않았는데, 갑자기 쉬가 너무 **마려웠어요**. 엄마는 "곧 도착하니까 집에 가서 하렴" 하고 말씀하셨어요. 그런데 차에서 내리려는 순간, **당장** 쉬가 나올 것 같은 **느낌**이 드는 거예요. 도저히 참을 수 없어서 집 앞 **화단**에 쉬를 하고 말았어요. "휴, 아무도 안 봤겠지..."하고 안심하는데, 헉! 아랫집 할머니가 지나가고 계셨던 거예요. 너무 **부끄러웠어요**. 앞으로는 차를 타기 전에 꼭 화장실에 다녀와야겠다고 생각했어요.

대화 상자

용이	으악! 쉬 마려워~
엄마	조금만 기다려! 금방 집에 도착해.
용이	엄마! 나 쉬 나올 것 같아요.
엄마	먼저 집에 내려줄 테니 올라가서 쉬 해~ 엄마 주차하고 올게.
용이	네에!! 빨리빨리요.
아랫집 할머니	어머! 얘야 지금 뭐하니?
용이	아.. 제가 너무 급해서 그만...
아랫집 할머니	그렇다고 화단에 쉬를 하면 어떡하니..
용이	죄송합니다.

어휘 상자

• 마렵다 형	대소변을 누고 싶은 느낌이 있다	쉬가 **마려워서** 화장실로 뛰어갔어요.
• 당장 명	지금 바로	선생님께서 **당장** 앞으로 나오라고 하셨어요.
• 느낌 명	몸이나 마음에 와 닿는 것	배가 아픈 **느낌**이 들었어요.
• 화단 명	꽃밭	**화단**에는 여러 꽃이 피어있어요.
• 부끄럽다 형	잘못이나 실수를 저질러서 창피하다	모두 나를 쳐다보니 **부끄러워요**.

상황 상자

- **이곳은 어디인가요?** 집 앞 화단
- **누가 있나요?** 용이와 엄마와 아랫집 할머니
- **무엇을 하고 있나요?** 용이는 쉬가 너무 마려워요.
- **어떤 문제가 생겼나요?** 용이가 화단에서 쉬를 했어요.

추론 상자

- **용이는 왜 화단에 쉬를 했나요?**
- **쉬를 하는 모습을 본 아랫집 할머니는 어떤 생각이 들었을까요?**
- **화장실에 가고 싶은데, 주변에 화장실이 보이지 않는다면 어떻게 해야 할까요?**

쉬가 너무 급해서 화장실이 아닌 곳에서 쉬를 했던 경험이 있는지 이야기해 보세요.

쓰레기를
버리지 마시오

19 쓰레기를 아무 곳에나 버리려고 했어요

이야기 상자

더운 여름날, 엄마와 함께 공원에 갔어요. 엄마가 **시원한** 주스를 하나 사 주셨어요. 마실 땐 정말 좋았는데, 다 마신 뒤에 컵을 계속 들고 있어야 해서 **불편했어요**. 엄마에게 "엄마, 이거 좀 들어 주세요"라고 했더니, "네가 마신 건 네가 들고 있어야지~" 하셨어요. 나는 컵을 **몰래** 벤치 밑에 버리고 가려다가... 엄마한테 딱 들켰어요! 결국 **꼼짝없이** 컵을 다시 들고 **쓰레기통**이 나올 때까지 기다려야 했어요.

대화 상자

범이 다 마셨어요.~

엄마 그래~ 이따가 쓰레기통 보이면 버리고 오렴.

범이 엄마 나 들고 있기 싫은데 엄마가 들고 있어 주세요.

엄마 네가 먹은 건 네가 들고 있어야지.

범이 아..손에 들고 있기 싫은데.. 그냥 여기에 놔두고 갈까...

엄마 쓰레기는 아무 곳에나 버리면 안 되지!
쓰레기통 나올 때까지 들고 있어.

어휘 상자

시원하다 형	개운하다	땀을 많이 흘려서 샤워를 하고 나왔더니 **시원해요**.
불편하다 형	몸이나 마음이 괴롭다	딱 맞는 티셔츠를 입었더니 **불편해요**.
몰래 부	남이 모르게 살짝	언니 **몰래** 장난감을 들고나왔어요.
꼼짝없이 부	어쩔 수 없이	형은 아빠에게 **꼼짝없이** 잡혔어요.
쓰레기통 명	쓰레기를 모아 두는 통	엄마가 내가 쓴 휴지는 내가 **쓰레기통**에 버리라고 했어요.

상황 상자

- **이곳은 어디인가요?** 공원
- **누가 있나요?** 범이와 엄마
- **무엇을 하고 있나요?** 주스를 마시며 걷고 있어요.
- **어떤 문제가 생겼나요?** 범이가 다 먹은 주스를 몰래 버리려고 했어요.

추론 상자

- **범이는 왜 쓰레기를 아무 곳에나 버리려고 했나요?**
- **쓰레기를 아무 곳에나 버리면 어떤 일이 생길 수 있나요?**
- **쓰레기를 버리고 싶은데 쓰레기통이 보이지 않으면 어떻게 해야 할까요?**

쓰레기를 버릴 곳이 없어 아무 곳에 몰래 버린 적이 있나요?
있었다면 어디에서 왜 그렇게 했는지 이야기해 보세요.

주문
카드

20 남의 카드로 결제하려 했어요

이야기 상자

너무 더운 날, 양이와 함께 시원한 **음료수**를 마시려고 카페에 갔어요. **키오스크** 앞에 서서 마시고 싶은 음료수를 고르고 **결제**를 하려고 하는데, 그만! **카드**를 안 가져온 게 생각났어요. 카드만 꽂으면 결제가 되는데... 순간 너무 아쉬웠어요. 그때 앞 테이블 위에 카드가 눈에 들어왔어요. 순간 그 카드를 써볼까? 하는 생각이 살짝 들었어요. 하지만 바로 그때, 양이가 제 손을 붙잡으며 말렸어요. "남의 카드를 쓰면 안 돼! 그건 **도둑질**이야!" 그 말을 듣고 깜짝 놀랐어요. 다행히 양이가 말려줘서 고마웠고, 다시는 그런 생각도 하지 않기로 마음먹었어요.

대화 상자

꿀이 이제 카드만 꽂으면 되는데.. 어! 카드 어디 있지?

양이 카드 없어졌어?

꿀이 저기 카드 보인다 저걸로 하자.

양이 꿀이야! 저건 너께 아니잖아.

꿀이 그냥 저 카드로 하면 안 돼?

양이 그건 도둑질이야!

어휘 상자

• **음료수** 명	마실 수 있는 물	날이 더우니 시원한 **음료수**를 마시고 싶어요.
• **키오스크** 명	공공장소에 설치된 무인 정보 단말기	식당에 들어가면 **키오스크**로 주문해야 해요.
• **결제** 명	값을 치러 거래를 끝내는 것	엄마가 카드로 **결제**했어요.
• **카드** 명	일정한 크기로 조그맣게 자른 두꺼운 종이나 플라스틱	아빠가 지갑에서 **카드**를 꺼냈어요.
• **도둑질** 명	남의 물건을 훔치거나 빼앗는 짓	**도둑질**하면 경찰 아저씨가 잡아간다고 해요.

상황 상자

- **이곳은 어디인가요?** 카페
- **누가 있나요?** 양이와 꿀이
- **무엇을 하고 있나요?** 키오스크로 주문을 하고 있어요.
- **어떤 문제가 생겼나요?** 결제할 카드를 안 가져왔어요.

추론 상자

- **꿀이는 왜 모르는 사람 카드로 결제하려고 했나요?**
- **다른 사람 카드를 주워서 결제하면 어떤 일이 생길 수 있나요?**
- **결제해야 하는데 돈이나 카드가 없다면 어떻게 해야 하나요?**

실수로 지갑이나 카드를 안 가져온 적이 있었나요?
그때 어떻게 해결했는지 이야기해 보세요.

21 냄새도 맛도 싫어서 반찬을 안 먹었어요

이야기 상자

아빠와 엄마는 내가 **골고루** 먹지 않아서 **영양소**가 부족할까 봐 매번 걱정하세요. 하지만 나는 김, 밥, 과일만 먹고 싶어요. 고기는 **질기고**, 채소는 **냄새**가 이상해서 먹기 싫어요. 사실 나도 알아요. 골고루 먹어야 **건강**해진다는 걸요. 그런데 막상 먹으려고 입에 넣으면 삼키기가 어려워요. 나도 다른 친구들처럼 골고루 잘 먹고 싶은데, 어떻게 하면 맛있게 잘 먹을 수 있을까요?

대화 상자

엄마 고기를 먹어야 힘이 나지 한번 먹어보자.

예나 질겨서 싫어요.

엄마 이건 먹으면 사르르 녹아~

예나 안 먹을래요.

아빠 골고루 먹어야 튼튼해지지.

예나 냄새가 이상해요.

아빠 먹어보지도 않고 안 먹는다고 하면 어떡하니?

예나 다 싫어요. 그냥 김에 밥 싸 먹을 거예요.

엄마 김과 밥만 먹으면 영양소가 부족해.

어휘 상자

골고루 부	두루두루, 균등히	음식을 골고루 먹어야 튼튼해져요.
영양소 명	몸에 필요한 에너지를 공급하는 물질	이 음식에는 영양소가 골고루 들어 있어요.
질기다 형	물건이 쉽게 끊어지지 아니하고 견디는 힘이 세다	아빠가 구워준 고기가 질겨요.
냄새 명	코로 맡거나 느끼는 기운	갑자기 방귀 냄새가 났어요.
건강 명	정신적으로나 육체적으로 아무 탈이 없고 튼튼함	운동을 해야 건강해져요.

상황 상자

- **이곳은 어디인가요?** 주방
- **누가 있나요?** 엄마와 예나와 아빠
- **무엇을 하고 있나요?** 밥을 먹고 있어요.
- **어떤 문제가 생겼나요?** 예나가 음식을 골고루 먹지 않아요.

추론 상자

- **예나는 왜 고기와 채소를 먹지 않았나요?**
- **음식을 골고루 먹지 않으면 어떻게 될까요?**
- **음식을 건강하고 골고루 먹을 수 있는 방법은 무엇이 있을까요?**

내가 먹기 싫었던 음식인데 지금은 잘 먹을 수 있는 음식이 있나요?
그 음식을 어떻게 먹게 되었는지 이야기해 보세요.

22 화장실에서 물장난을 쳤어요

이야기 상자

오늘은 정말 **덥다** 못해 숨이 막힐 정도예요. 시원한 **수영장**에 가고 싶었지만, 동생이 아파서 집에서 나갈 수 없었어요. 그래서 엄마가 욕실 **욕조**에 시원한 물을 받아 주셨어요. 욕조 안에서 첨벙첨벙 놀다가, 갑자기 전쟁놀이하면 재밌겠다는 생각이 떠올랐어요. 샤워기를 들고 '**물대포**'로 변신! "휴지 위에 있는 **적군**이여! 나의 물대포 맛 좀 봐라!" "거울에 붙은 적군이여! 나의 물대포를 받아라!" "세면대 위의 적군이여! 이 물대포를 피해 보시지!" 적군을 향해 물을 뿌릴 때마다 웃음이 터졌어요. 수영장에 못 갔지만, 욕조 안에서 펼쳐진 나만의 전쟁놀이가 정말 즐거웠어요.

대화 상자

승우 야호오~~

엄마 뭐 하는 중이니?

승우 이야호~~~~ 바다다~~~~

엄마 이게 뭐니!!! 물 폭탄을 맞았네.

승우 꺄아~~ 신난다!!!

엄마 아후~ 휴지도 다 젖고 이게 뭐니!

어휘 상자

덥다 형	온도가 높다	점심때가 되니 날씨가 **더워요**.
수영장 명	유영장, 풀	온 가족이 **수영장**에서 신나게 놀았어요.
욕조 명	목욕을 할 수 있도록 물을 담는 용기	동생과 함께 **욕조**에서 물놀이했어요.
물대포 명	높은 압력의 물을 쏘는 장치를 비유적으로 이르는 말	물풍선에 물을 넣고 **물대포** 놀이를 했어요.
적군 명	적의 군대나 군사	우리의 힘으로 **적군**을 물리쳤어요.

Q&A 상황 상자

- **이곳은 어디인가요?** 화장실
- **누가 있나요?** 승우와 엄마
- **무엇을 하고 있나요?** 승우가 물놀이를 하고 있어요.
- **어떤 문제가 생겼나요?** 화장실이 온통 물바다로 변했어요.

추론 상자

- **승우는 왜 수영장에 가지 못했나요? 대신 어떤 놀이를 하였나요?**
- **화장실 아무 곳에나 물을 뿌리면 어떻게 될까요?**
- **집에서 시원하고 즐겁게 물놀이를 할 수 있는 방법에는 무엇이 있을까요?**

밖에 나가지 못해 아쉬웠던 적이 있었나요?
그때 집에서 어떤 활동을 하였는지 이야기해 보세요.

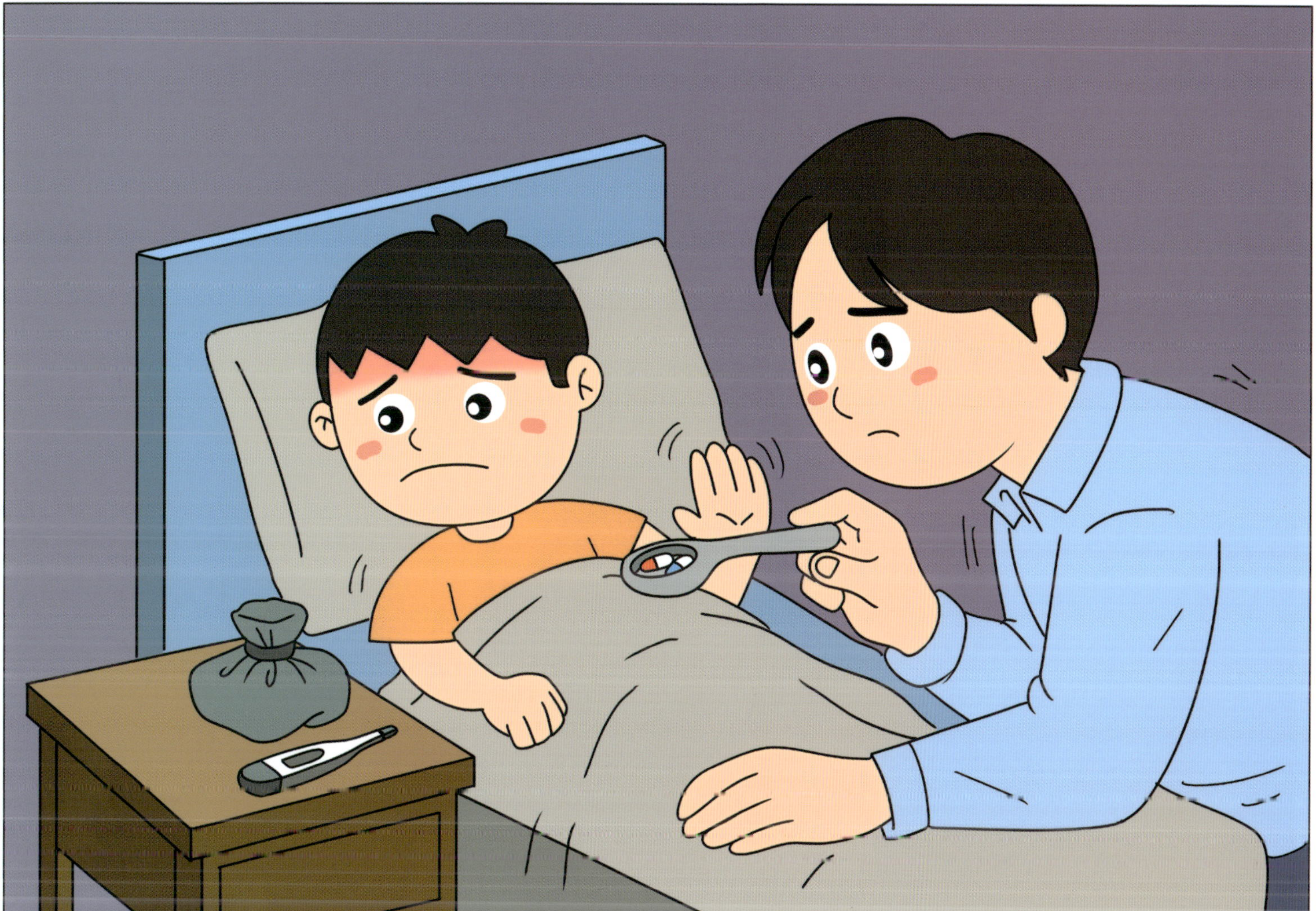

23 약은 맛이 없어서 먹기 싫어요

이야기 상자

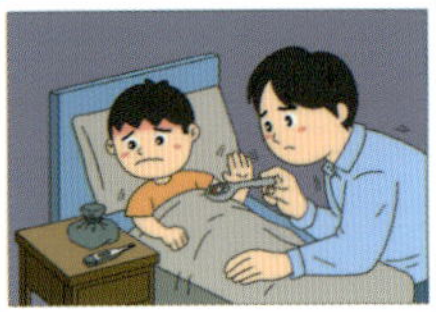

몸이 뜨겁고, 힘이 하나도 없어요. 아빠가 이마에 얼음주머니를 올려 주셨지만, 열이 잘 안 떨어지고 **고열**이 계속되고 있어요. 아빠는 "**해열제**를 먹어야 열이 내려"라고 하시며 약을 가져오셨어요. 그런데 그 딸기 맛 시럽 약만 보면 **토할** 것 같아서 먹기 싫었어요. 차라리 시럽 말고 가루약이면 조금 나을 것 같은데… 아빠는 지금 약을 먹지 않으면 **응급실**에 가서 주사를 **맞아야** 한다고 하셨어요. 정말 주사를 맞아야 할까? 약을 억지로라도 먹어야 할까? 고민되지만, 얼른 나으려면 참아야 할 것 같아요.

대화 상자

아빠 열나서 약 먹어야 할 것 같아.
승우 약 먹으면 토할 것 같아요.
아빠 약 안 먹으면 응급실 가야 해.
승우 주사는 싫어요. 아프단 말이에요.
아빠 그러니까 얼른 약을 먹자.
승우 토할 거 같아서 못 먹겠어요.
아빠 열이 너무 높아서 안 먹으면 안 돼.

어휘 상자

고열 명	몸의 높은 열	독감에 걸려서 **고열**이 났어요.
해열제 명	몸의 열을 내리게 하는 약	열이 나서 **해열제**를 먹었어요.
토하다 동	구역질하다, 게우다	상한 음식을 먹고 **토했어요**.
응급실 명	병원에서 환자의 응급 처치를 할 수 있도록 갖춘 방	새벽에 너무 아파서 **응급실**에 갔어요.
맞다 동	주사 따위로 치료를 받다	예방주사를 **맞으러** 병원에 갔어요.

상황 상자

- **이곳은 어디인가요?** 집
- **누가 있나요?** 아빠와 승우
- **무엇을 하고 있나요?** 약을 먹으려고 해요.
- **어떤 문제가 생겼나요?** 승우가 약을 먹기 힘들어해요.

추론 상자

- **승우는 왜 약을 먹기 싫어했나요?**
- **열이 나는데 해열제를 먹지 않으면 어떻게 될까요?**
- **약을 먹기 힘들 때 잘 먹을 수 있는 방법에는 무엇이 있을까요?**

약을 먹기 힘들었던 적이 있나요? 처음엔 힘들었는데 나중에 약을 잘 먹게 된 경험에 대해 이야기해 보세요.

급식실

24 급식실에서 새치기하려고 했어요

이야기 상자

오늘은 늦잠을 자는 바람에 아침을 아무것도 못 먹고 나왔어요. 수업을 열심히 듣고 나니 너무 **배고팠어요**. 드디어 점심시간! 열심히 달려서 **급식실**로 갔더니, 앞에 서 있는 친구들이 너무 많아 줄이 길게 늘어서 있었어요. 나는 승우에게 **새치기**하자고 살짝 말했어요. 하지만 승우는 "새치기하면 안 돼. 그냥 기다리자"라고 했어요. 나는 너무 배가 고파서 새치기하려고 **혼자** 앞으로 뛰어가려는 순간 선생님께 딱 **잡히고** 말았어요. 결국 줄 맨 뒤로 가서 다시 기다리면서, 왜 새치기를 하면 안 되는지 생각하게 되었어요.

대화 상자

이준 아 기다리던 점심시간이다.

승우 오늘 반찬이 뭘지 기대된다.

이준 줄이 왜 이렇게 길어? 빨리 먹고 싶은데

승우 우리도 줄 서서 기다리자.

이준 야! 우리 새치기 하자. 하나, 둘, 셋 하면 뛰어가는 거야.

승우 안돼~ 새치기하지 말자.

어휘 상자

- **배고프다** (형) 속이 비어서 음식이 먹고 싶다 — 너무 **배고파서** 빵을 먹었어요.
- **급식실** (명) 단체로 식사를 제공하는 곳 — 친구들과 **급식실** 앞에서 줄을 섰어요.
- **새치기** (명) 순서를 어기고 남의 앞자리에 끼어드는 일 — 모르는 사람이 **새치기**하려고 해서 화를 냈어요.
- **혼자** (명), (부) 남의 도움 없이 스스로 — **혼자** 집에 있으니 심심해요.
- **잡히다** (동) 걸리다 — 친구들과 꼬리**잡기** 게임을 했어요.

상황 상자

- **이곳은 어디인가요?** 급식실
- **누가 있나요?** 이준이와 승우
- **무엇을 하고 있나요?** 급식을 먹으려고 해요.
- **어떤 문제가 생겼나요?** 이준이가 새치기하려고 했어요.

추론 상자

- **이준이는 왜 새치기하려고 하나요?**
- **많은 사람이 줄을 서 있는데 내가 새치기하면 어떻게 될까요?**
- **급식실에서 지켜야 할 규칙은 무엇이 있을까요?**

줄이 길어서 기다리기 힘들었던 적이 있었는지 이야기해 보세요.

치킨 먹고 싶어요
HHH
6
5
4
3
2
1

25 모르는 사람에게 먹고 싶은 것을 말했어요

이야기 상자

수영 수업을 **마치고** 집으로 돌아가는 길, 엘리베이터를 탔어요. 그런데 어디선가 너무 맛있는 **냄새**가 나는 거예요. 고개를 돌려 보니, 그 냄새의 정체는 바로 치킨! 나도 모르게 **배달** 아저씨 앞에서서 "저도 치킨 먹고 싶어요…" 하고 말해 버렸어요. 엄마는 깜짝 놀라며 아저씨에게 죄송하다고 말씀하시고, "집에 가면 **주문**해 줄게."라고 하셨어요. 오늘 **저녁**은 치킨이다! 엄마가 얼른 주문하고 배달이 빨리 왔으면 좋겠어요.

대화 상자

예나 이게 무슨 냄새지?

엄마 치킨 냄새지~

예나 어?! 치킨이다! 아저씨 치킨 먹고 싶어요.

엄마 어머! 얘! 아저씨한테 말하면 어떡하니?

예나 치킨 먹고 싶어~~

엄마 엄마가 집에 가서 주문해 줄게.

예나 오늘 저녁은 치킨이다!

엄마 내가 못 살아 정말.. 죄송합니다.

어휘 상자

어휘	뜻	예문
• **마치다** 동	끝내다, 끝마치다	학원을 **마치고** 집으로 갔어요.
• **냄새** 명	코로 맡을 수 있는 기운	빵 가게 앞을 지나가는데 빵 **냄새**가 났어요.
• **배달** 명	물건을 날라다 줌	우리가 주문한 피자가 **배달** 완료되었다고 해요.
• **주문** 명	요구, 요청	형은 짬뽕, 나는 짜장면을 **주문**했어요.
• **저녁** 명	해가 질 무렵부터 밤이 되기까지의 사이	**저녁**에 공원에서 만나기로 했어요.

상황 상자

- **이곳은 어디인가요?** 엘리베이터 안
- **누가 있나요?** 예나와 엄마와 치킨 배달하는 아저씨
- **무엇을 하고 있나요?** 예나가 치킨 배달하는 아저씨에게 이야기를 했어요.
- **어떤 문제가 생겼나요?** 예나는 모르는 사람에게 치킨이 먹고 싶다고 말했어요 .

추론 상자

- **예나는 왜 치킨 배달 아저씨한테 치킨을 먹고 싶다고 말했나요?**
- **모르는 사람에게 먹고 싶은 것을 말하면 어떻게 될까요?**
- **맛있는 냄새가 나서 먹고 싶은 마음이 들 땐 어떻게 해야 할까요?**

너무 먹고 싶은 음식을 봤을 때 어떻게 참았거나 표현하였는지 이야기해 보세요.

다리가 아파요
앉고 싶어요

26 앉을 자리가 없어서 비켜달라고 했어요

이야기 상자

오늘은 엄마와 함께 **박물관**에 다녀왔어요. 전시실이 3층까지 있어서 **관람**하느라 다리가 많이 아팠어요. 관람을 마치고 집으로 돌아가려고 **지하철**을 탔는데, 앉을 자리가 하나도 없었어요. 나는 너무 다리가 아파서, 앉아 있는 아저씨 앞에 가서 "저 다리 아파요, 앉고 싶어요. 비켜주세요." 하고 말했어요. 그 순간, 엄마가 깜짝 놀라며 아저씨께 죄송하다고 인사하시고 나를 조용히 다른 칸으로 데리고 갔어요. 엄마는 "자리가 날 때까지 기다리는 게 **예의**야. 앉아 있는 분에게 말하는 건 예의에 맞지 않는 **행동**이야"라고 말씀해 주셨어요. 나는 조금 부끄러웠지만, 다음엔 조용히 기다리기로 다짐했어요.

대화 상자

지아 아유 다리아파.
엄마 오늘 박물관에서 열심히 걸어 다녔더니 아프지?
지아 다리 너무 아픈데 자리가 없네요.
엄마 조금만 서 있자~
지아 아.. 아파서 못 서 있겠어요.
엄마 지금은 어쩔 수 없잖아. 조금 참자.
지아 (아저씨 앞에 서서) 다리 아파요. 앉고 싶어요. 비켜주세요.
엄마 내가 못 살아 정말 그렇게 말하면 어떡하니! 죄송합니다.

어휘 상자

어휘	뜻	예문
• **박물관** 명	학술 자료를 수집, 보전, 진열하여 전시한 곳	역에 내려서 조금만 걸어가면 **박물관**이 있어요.
• **관람** 명	구경	박물관을 **관람**하러 온 사람들이 많았어요.
• **지하철** 명	지하 철도 위를 달리는 전동차	오빠와 **지하철**을 타고 박물관에 갔어요.
• **예의** 명	매너, 예절	옆집 할아버지에게 인사했더니 **예의** 바르다고 칭찬해 주셨어요.
• **행동** 명	몸을 움직여 동작을 함	버릇없는 **행동**을 하면 혼나요.

상황 상자

- **이곳은 어디인가요?** 지하철 안
- **누가 있나요?** 지아와 엄마와 사람들
- **무엇을 하고 있나요?** 지아가 앞에 앉아 있는 아저씨한테 말했어요.
- **어떤 문제가 생겼나요?** 앉아 있는 사람에게 비켜달라고 말했어요.

추론 상자

- **지아는 왜 앉아 있는 사람에게 비켜달라고 말했을까요?**
- **지하철에서 앉아 있는 사람에게 앉고 싶다고 말하면 어떻게 반응할까요?**
- **다리가 아파 앉고 싶은데 앉을 자리가 없다면 어떻게 하면 좋을까요?**

버스나 지하철에서 자리가 없어 앉지 못했던 적이 있는지 이야기해 보세요.

지하 3층에만
주차해야 해요
B3
B3
B3
B3

27 주차장에서 지하 3층만 고집해요

이야기 상자

오늘은 **로봇** 학원에 가는 날이에요. 그 학원이 있는 건물 지하 3층에는, 내가 정말 좋아하는 파란 자동차가 항상 **주차**되어 있어요. 그래서 오늘도 그 파란 차를 볼 생각에 잔뜩 기대하고 있었어요. 그런데 엄마가 **지하** 4층으로 내려가는 거예요! 나는 깜짝 놀라서 "지하 3층에 주차해요!"라며 **떼를** 썼어요. 하지만 엄마는 "지하 3층은 **만차**라서 주차할 자리가 없어"라고 하셨어요. 결국 파란 자동차를 못 보게 돼서 너무 아쉬웠어요. 다음엔 꼭 다시 만날 수 있으면 좋겠어요.

대화 상자

엄마 이 시간에 오니 주차장 빈자리가 없네.

이준 엄마! 지하 3층에 주차해요.

엄마 지금 지하 3층까지 다 차들이 많아서 한층 더 내려가야 할 거 같아.

이준 싫어요. 안 돼요. 무조건 지하 3층에 해야 해요.

엄마 지금 학원 들어갈 시간 다 되어 가는데 어떡하니.

이준 나는 지하 3층이 좋단 말이에요.

엄마 지금 상황에 네가 좋다고 지하 3층에 주차해야겠니?

어휘 상자

어휘	뜻	예문
• **로봇** 명	기계	삼촌이 생일 선물로 **로봇**을 사주셨어요.
• **주차** 명	자동차를 일정한 곳에 세워 둠	지하 2층에 **주차**하고 7층으로 올라가면 돼요.
• **지하** 명	땅속	지하철은 **지하**에서 다니는 기차에요.
• **떼쓰다** 동	고집부리다	동생이 장난감을 사달라고 **떼써서** 엄마에게 혼났어요.
• **만차** 명	주차장에 차가 들어갈 수 있는 공간이 다 참	1번 주차장이 **만차**라서 2번 주차장으로 갔어요.

상황 상자

- **이곳은 어디인가요?** 주차장
- **누가 있나요?** 이준이와 엄마
- **무엇을 하고 있나요?** 주차하려고 해요.
- **어떤 문제가 생겼나요?** 이준이가 지하 3층에만 주차해야 한다고 떼쓰고 있어요.

추론 상자

- **이준이는 왜 3층에 주차하자고 떼를 썼나요?**
- **엄마는 왜 주차하러 지하 4층으로 내려갔나요?**
- **내가 기대했던 것을 보지 못했을 때 어떻게 해야 할까요?**

주차장에 차가 많아서 아빠나 엄마가 주차하기 힘들었던 적이 있는지 이야기해 보세요.

5호기
6호기

28 5호기 엘리베이터만 탈 거예요

이야기 상자

미술학원을 마치고 집으로 가는 길이에요. 우리 아파트에는 5호기 **엘리베이터**와 6호기 엘리베이터가 있는데, 나는 항상 5호기 엘리베이터를 더 좋아해요. 왜냐하면 5호기 엘리베이터 거울에는 멋진 로봇 **스티커**가 붙어 있거든요. 그런데 오늘은 6호기 엘리베이터가 **먼저** 열렸어요. 엄마가 "형아 데리러 가야 하니까 **빨리 타자**"고 하셨지만, 나는 "5호기 엘리베이터를 타고 싶어요!"라며 고개를 저었어요. 엄마는 조용히 말씀하셨어요. "오늘은 먼저 도착한 엘리베이터를 타야 해. 다음에 또 5호기 탈 기회가 있겠지?" 나는 아쉬웠지만, 6호기 엘리베이터에 엄마랑 함께 탔어요.

대화 상자

엄마 엘리베이터 도착했다! 타자~

승우 안 탈 거예요.

엄마 왜 엘리베이터를 안 타?

승우 5호기 엘리베이터 거울에 붙어있는 스티커 보고 싶단 말이에요.

엄마 아휴.. 5호기 엘리베이터는 이미 내려가서 다시 타려면 많이 기다려야 해.

승우 그래도 기다릴래요.

엄마 지금 형아 학원 끝나고 기다려서 데리러 가야 해.

어휘 상자

어휘	뜻	예문
엘리베이터 명	승강기	**엘리베이터**에 사람이 많아서 다시 내렸어요.
스티커 명	뒷면에 접착제가 있어 붙일 수 있는 것	문구점에서 동물 **스티커**를 샀어요.
먼저 부	미리	학원에 도착하면 제일 **먼저** 전화하기로 했어요.
빨리 부	급히, 냉큼	엘리베이터 문이 닫히려고 해서 **빨리** 타라고 했어요.
타다 동	승차하다	여행을 가려고 아빠 차에 **타니** 설렜어요.

상황 상자

- **이곳은 어디인가요?** 엘리베이터 타는 곳
- **누가 있나요?** 승우랑 엄마
- **무엇을 하고 있나요?** 엘리베이터를 타려고 해요.
- **어떤 문제가 생겼나요?** 승우가 5호기 엘리베이터만 탄다고 했어요.

추론 상자

- **승우는 왜 5호기 엘리베이터를 타려고 했을까요?**
- **먼저 도착한 엘리베이터를 타지 않으면 어떻게 될까요?**
- **여러 대의 엘리베이터가 있을 때는 어떤 엘리베이터를 타야 할까요?**

자주 타는 엘리베이터 안의 모습을 떠올려 보세요.
어떤 글자들이 있나요? 어떤 사진이 있는지 이야기해 보세요.

○○병원

29 병원 가기 싫다고 울면서 버텨요

이야기 상자

우리처럼 어린 친구들은 꼭 받아야 하는 **필수 예방접종**이 있대요. 오늘은 **독감** 예방주사를 맞으러 가는 날이에요. 나는 지금 멀쩡히 건강한데, 왜 **주사**를 맞아야 하는지 솔직히 잘 모르겠어요. 병원에 가서 의사 선생님 얘기 듣는 건 괜찮지만, 주사를 맞는 건 너무 싫어요. “안 갈래!” 하고 떼를 써봤지만, 결국 엄마 손에 **이끌려** 병원 앞까지 오게 됐어요. 나 진짜 주사 싫은데, 예방접종을 안 하면 나중에 아플 때 더 아프고, 주사를 여러 번 맞을 수도 있대요. 음… 그래도 한 번만 찌르면 되는 거니까 건강해지려면 용기를 내야 할 것 같아요.

대화 상자

예나 엄마 왜 꼭 예방접종을 해야 해요?

엄마 더 심하게 안 아프려고 미리 예방하는 거야.

예나 난 주사 맞기 싫어요.

엄마 예방접종 안 하면 심하게 아파서 더 많은 주사를 맞아야 할 수 있어.

예나 나 지금 안 아프잖아요.

엄마 그러니까 안 아플 때 예방접종 해야지.

어휘 상자

어휘	뜻	예문
• **필수** 명	꼭 있어야 하거나 하여야 함	수영장에 가려면 수영복을 **필수**로 챙겨야 해요.
• **예방접종** 명	예방주사	친구는 어제 **예방접종**을 하고 왔다고 해요.
• **독감** 명	유행성감기, 인플루엔자	**독감**에 걸리면 유치원을 못 가요.
• **주사** 명	주사기에 넣어 혈관 속에 직접 주입하는 일	병원에 가면 **주사** 맞는 것이 무서워요.
• **이끌리다** 동	남한테 손을 잡혀 따라가다	엄마 손에 **이끌려** 병원에 도착했어요.

상황 상자

- **이곳은 어디인가요?** 병원
- **누가 있나요?** 예나와 엄마
- **무엇을 하고 있나요?** 예나가 예방접종을 하려고 해요.
- **어떤 문제가 생겼나요?** 예나는 예방접종을 하기 싫어해요.

추론 상자

- **예나는 왜 병원에 가기 싫다고 하나요?**
- **예나가 독감 예방주사를 맞지 않으면 어떻게 될까요?**
- **예방접종을 하지 않겠다고 우는 동생에게 뭐라고 설명하면 좋을까요?**

주사 맞는 것이 무서웠던 적이 있나요?
그 상황을 어떻게 이겨냈는지 이야기해 보세요.

30 아는 사람인 줄 알고 인사했어요

이야기 상자

공원을 **산책**하다 보면 정말 다양한 사람들이 지나가요. 안경을 쓴 할머니, 강아지와 산책하는 누나, **지팡이**를 짚고 천천히 걷는 할아버지, 빠르게 조깅하는 **외국인**, 그리고 자전거를 타고 가는 삼촌도 있었어요. 조깅하는 외국인이 아랫집에 사는 삼촌인 것 같아서 "안녕하세요?"하고 반갑게 인사했어요. 그런데 가까이 가보니 모르는 사람이었어요. 외국인은 나를 보고 **갸우뚱했어요**. 그 모습을 본 엄마가 말했어요. "아무리 아는 사람처럼 보여도, 먼저 확인하고 인사하는 게 좋아. 처음 보는 사람에게 갑자기 인사를 하면, **당황**할 수도 있어." 나는 조금 부끄러웠지만, 다음부터는 먼저 인사하기 전에 누군지 잘 살펴보기로 했어요.

대화 상자

승우	안녕하세요?
외국인	누.. 누구..
승우	안녕하세요?
외국인	아.. 안녕?
승우	안녕하세요?
엄마	승우야 아는 사람도 아닌데 막 인사하면 어떡해.
승우	아랫집에 사는 삼촌인 줄 알았어요.
엄마	인사하기 전에 누군지 잘 살펴봐야지.

어휘 상자

어휘	뜻	예문
• 산책 명	맑은 공기를 마시거나 운동을 하려고 가까운 거리를 걷는 것	아빠, 엄마와 함께 공원으로 **산책**하러 가기로 했어요.
• 지팡이 명	걸을 때 도움을 얻기 위해 짚는 막대기	할아버지 생신 선물로 **지팡이**를 사드리기로 했어요.
• 외국인 명	다른 나라 사람	식당에 들어가니 **외국인**들이 많이 있었어요.
• 갸우뚱하다 동	한쪽으로 약간 기울어져 있다	친구는 머리를 **갸우뚱했어요**.
• 당황하다 동	놀라다	동생이 갑자기 나를 때려서 **당황했어요**.

상황 상자

- **이곳은 어디인가요?** 공원
- **누가 있나요?** 승우와 엄마와 지나가는 사람들
- **무엇을 하고 있나요?** 승우가 처음 보는 사람에게 인사했어요.
- **어떤 문제가 생겼나요?** 승우가 처음 보는 사람에게 인사해서 인사받은 사람이 당황했어요.

추론 상자

- **승우는 왜 처음 보는 사람에게 인사를 했나요?**
- **처음 보는 사람한테 인사하면 사람들이 어떤 반응을 보일까요?**
- **처음 보는 사람인지 아는 사람인지 헷갈릴 땐 어떻게 해야 할까요?**

모르는 사람에게 인사를 했던 적이 있나요? 아니면 모르는 사람이 나에게 인사를 했을 때 어떤 감정이 들었는지 이야기해 보세요.

31 엘리베이터 문이 열리자 바로 탔어요

이야기 상자

오늘은 승우랑 **키즈카페**에서 만나기로 한 날이에요. 신나게 약속 장소로 가다가, **건물** 안으로 들어가자마자 엘리베이터 문이 딱 열렸어요! 나는 신이 나서 **냅다** 앞으로 뛰어가 엘리베이터를 타려 했어요. 그런데 안에서 내리던 사람들이 나를 **째려보는** 거예요. 그 순간, **뒤따라오던** 엄마가 나를 살짝 붙잡으며 말했어요. "사람들이 다 내리고 나서 타야지~ 그게 예의야." 나는 빨리 키즈카페에 가고 싶어서 마음이 급했는데, 내 마음을 몰라주는 것 같아 속상했어요.

대화 상자

이준 엘리베이터 도착했어요!

엄마 이준아!!

이준 얼른 타야지~

엄마 이준아! 내려야 하는 사람들 다 내리고 타야지.

이준 엘리베이터 빨리 타고 싶은데

엄마 사람들이 내릴 수 있게 양옆으로 피해서 서 있다가 다 내리고 나서 타야 하는 거야.

어휘 상자

어휘	뜻	예문
키즈카페 명	놀이 시설과 카페의 기능을 함께 갖춘 곳	이번 주 토요일에 **키즈카페**에 가기로 했어요.
건물 명	사람이 살거나 일하는 데 쓰려고 지은 큰 집	키즈카페는 커피가게가 있는 **건물** 8층에 있어요.
냅다 부	몹시 빠르고 세찬 모양	저 멀리 친구가 보여서 **냅다** 뛰어갔어요.
째려보다 동	흘겨보다, 노려보다	화가 나서 친구를 **째려보았어요**.
뒤따라오다 동	쫓아오다	동생이 나를 **뒤따라왔어요**.

상황 상자

- **이곳은 어디인가요?** 건물
- **누가 있나요?** 이준이랑 엄마
- **무엇을 하고 있나요?** 키즈카페에 가려고 해요.
- **어떤 문제가 생겼나요?** 이준이가 엘리베이터에서 사람들이 다 내리지 않았는데 타려고 했어요.

추론 상자

- **이준이는 왜 엘리베이터 문이 열리자 바로 탔을까요?**
- **엘리베이터에서 사람들이 모두 내리지 않았는데 먼저 타면 어떻게 될까요?**
- **엘리베이터를 탈 때는 어떤 예의를 지켜야 할까요?**

엘리베이터에서 급하게 타려다가 내리는 사람들과 부딪힐 뻔 했던 적이 있다면 이야기해 보세요.

12
6
5
4
3
8
2
7
1

32 엘리베이터 안에서 크게 웃었어요

이야기 상자

오늘은 엄마랑 **목욕탕**에 가는 날이에요. 엘리베이터를 타고 내려가는데, 갑자기 어제 봤던 유튜브 영상이 떠올랐어요. 강아지 눈이 튀어나오고 턱이 길어지는 장면이었는데 그게 너무 웃겼거든요. 그 **장면**이 너무 웃겨서, 나도 모르게 크게 웃어버렸어요. 그랬더니 안에 있던 사람들이 모두 나를 쳐다보는 거예요. 나는 순간 너무 **민망하고** 부끄러웠어요. 그런데 말이에요, 갑자기 웃긴 생각이 떠오르면 웃음이 저절로 나와요. 마치 **재채기**처럼 참기가 정말 어려워요! 이럴 때는 어떻게 해야 웃음을 참을 수 있을까요? 혹시 웃음 참는 **비법**이 있다면 꼭 좀 알려 주세요.

대화 상자

지아 푸하하하하하하

엄마 지아야! 갑자기 왜 그러니?

지아 푸하하하하하하

엄마 지아야! 지금 엘리베이터 안이잖아. 조용히 해야지.

지아 엄마 갑자기 웃긴 생각이 떠올랐어요.

엄마 그래도 지아야 지금 사람들 많은데 피해주는 거야.

어휘 상자

어휘	뜻	예문
• **목욕탕** 명	목욕할 수 있게 만들어 놓은 곳	**목욕탕**에서 먹는 달걀이 제일 맛있어요.
• **장면** 명	어떤 일이 일어나는 모습	친구들이 춤추는 **장면**을 보았어요.
• **민망하다** 형	얼굴을 들고 대하기가 부끄럽다	걸어가다 넘어졌는데 친구들이 쳐다보니 **민망했어요**.
• **재채기** 명	코안의 신경이 자극을 받아 갑자기 코로 숨을 내뿜는 일	먼지가 많아서 계속 **재채기**가 나와요.
• **비법** 명	노하우, 비결	할머니의 요리에는 특별한 **비법**이 있어요.

상황 상자

- **이곳은 어디인가요?** 엘리베이터 안
- **누가 있나요?** 지아와 엄마
- **무엇을 하고 있나요?** 엘리베이터를 타고 목욕탕에 가고 있어요.
- **어떤 문제가 생겼나요?** 엘리베이터 안에서 지아가 큰 소리로 웃었어요.

추론 상자

- **지아는 왜 엘리베이터 안에서 크게 웃었나요?**
- **사람이 많은 곳에서 큰 소리로 웃으면 어떤 일이 생길 수 있나요?**
- **사람이 많은 곳에서 갑자기 웃음이 터졌을 때 어떻게 하면 멈출 수 있을까요?**

사람이 많은 곳에서 참을 수 없는 웃음이 나서 마음을 진정시켰던 적이 있으면 이야기해 보세요.

33 안전띠는 답답해서 풀었어요

이야기 상자

오늘은 엄마가 **출근**하셔서 아빠와 단둘이 있는 날이에요. 집에만 있으니 심심해서, 아빠랑 함께 **수족관**을 사러 가기로 했어요. 차를 타고 가는 길, 안전띠를 한 채 가만히 앉아 있으려니 점점 **답답했어요**. 몸도 잘 안 움직여지고, 특히 안전띠 때문에 더 답답하게 느껴졌어요. 그래서 아빠에게 "조금만 안전띠를 **풀고** 있으면 안돼요?"하고 물었어요. 그런데 아빠는 갑자기 화를 내셨어요. "그건 정말 **위험한** 행동이야! 안전띠는 절대 풀면 안 돼." 아빠는 단호한 얼굴로 말씀하셨고, 나는 조용히 앉아서 참고 갔어요. 그제야 조금 알 것 같았어요. 불편하거나 답답해도, 위험한 행동은 절대 하면 안 되는 거구나.

대화 상자

이준 아빠 도착하려면 얼마나 남았어요?
아빠 30분 정도 더 가야 해.
이준 나 안전띠 너무 답답해요.
아빠 답답해도 안전을 위해 해야 해.
이준 잠깐만 풀면 안 돼요?
아빠 안돼! 이준아. 꼭 하고 있어야 해.
이준 잠깐만 풀고 다시 할게요.
아빠 위험해! 이준아. 그리고 아빠 지금 운전 중인데 너 자꾸 그러면 아빠도 위험해.

어휘 상자

어휘	뜻	예문
출근 명	일터로 근무하러 나감	아빠는 월요일에 출근해요.
수족관 명	물속에 사는 생물을 모아 놓고 기르는 설비	어제 사 온 새 수족관을 멋지게 꾸며주었어요.
답답하다 형	갑갑하다, 따분하다	작은 옷을 입었더니 답답해요.
풀다 동	묶인 것을 그렇지 아니한 상태로 되게 하다	이모가 준 선물의 끈을 풀었어요.
위험한 형	위급하다	공사장은 위험한 곳이에요.

상황 상자

- **이곳은 어디인가요?** 차 안
- **누가 있나요?** 이준이와 아빠
- **무엇을 하고 있나요?** 수족관을 사러 가는 중이에요.
- **어떤 문제가 생겼나요?** 이준이가 안전띠를 풀려고 했어요.

추론 상자

- 이준이는 왜 안전띠를 풀었나요?
- 달리는 차 안에서 안전띠를 풀면 어떤 일이 생길 수 있나요?
- 차 안에서 지켜야 할 안전 규칙에는 무엇이 있을까요?

차를 타고 가는 길에 기분 좋았던 날이 있었나요?
그날은 누구와 어디에 가는 길이었는지 기분과 함께 이야기해 보세요.

RESTAURANT
BAR
SHOP
CAFE

34 앞을 보지 않고 걷다가 나무에 부딪혔어요

이야기 상자

오늘은 엄마랑 **연필**을 사러 가는 길이에요. 그런데 걷다가 오른쪽을 보니 아이스크림 **가게 간판**에 알록달록한 아이스크림 그림들이 반짝이며 나왔다가 사라졌다가 해요. 그 모습을 보니 아이스크림을 너무 먹고 싶어졌어요. 아이스크림 가게 말고도, 빨간색, 노란색, 파란색처럼 **알록달록**한 간판들이 거리에 쭉 있었어요. 색이 바뀌는 간판들을 바라보니, 마치 놀이동산에 온 것처럼 신기하고 황홀했어요. 그런데 그만… 앞을 보지 못하고 걸어가다가 나무에 쿵! 하고 **부딪히고** 말았어요. "으악! 이마가 아파요!" 내 이마에 혹이 볼록하게 났어요.

대화 상자

승우 우와~ 엄마 저 간판이 반짝반짝해요.

엄마 승우야 앞에 보면서 걸어가야지.

승우 어! 저기는 아이스크림을 파는 곳인가 봐요.

엄마 승우야 앞에 나무 있어 확인하면서 걸어야 해.

승우 진짜 신기하다.

엄마 승우야! 앞에 나무!!!!

승우 으악!! 엄마, 이마가 너무 아파요.

어휘 상자

어휘	뜻	예문
• **연필** 명	필기도구의 하나	문구점에 가서 연필을 사 왔어요.
• **가게** 명	작은 규모로 물건을 파는 집	인형뽑기가게에 들어가서 오리 인형을 뽑았어요.
• **간판** 명	사람들의 눈에 잘 뜨이게 걸거나 붙이는 표지	아이스크림 가게 간판에 아이스크림이 크게 달려있어요.
• **알록달록** 부	얼룩덜룩	생일 파티를 하려고 풍선들을 알록달록하게 붙였어요.
• **부딪히다** 동	부닥치다, 마찰하다	나무에 부딪혀서 이마에 혹이 났어요.

상황 상자

- **이곳은 어디인가요?** 길 가
- **누가 있나요?** 엄마와 승우
- **무엇을 하고 있나요?** 연필을 사러 가고 있어요.
- **어떤 문제가 생겼나요?** 승우가 나무에 부딪혔어요.

추론 상자

- **승우는 왜 앞을 보지 못하고 걸었을까요?**
- **앞을 보지 않고 걸으면 어떤 일이 생길 수 있나요?**
- **알록달록 간판들이 많은 길을 걸을 때는 어떻게 해야 안전할까요?**

재미있는 것을 보느라 앞을 제대로 보지 못해 무언가에 부딪힌 적이 있다면 이야기해 보세요.

아이스크림

35 계산하지 않고 아이스크림을 먼저 먹었어요

이야기 상자

형이랑 함께 엄마 **심부름**을 하러 **마트**에 갔어요. 그런데 마트에 들어서자마자, 아이스크림을 너무 먹고 싶어졌어요. 형에게 "아이스크림 사자!"고 말했더니 "엄마 심부름 먼저 하고 나중에 사자"고 말했어요. 하지만 지금 당장 먹고 싶은 마음을 도저히 참을 수 없었어요. 그래서 아이스크림 코너로 혼자 가서 껍질을 **뜯고** 먹기 시작했어요. 그 순간, 나를 **발견한** 형이 깜짝 놀라 소리를 질렀어요. "그러면 안 돼! 아직 계산도 안 했잖아!" 나는 그렇게 **잘못한** 행동인지 몰랐어요. "다 먹고 나서 돈 내면 되는 거 아닌가요?"라고 말했지만, 형은 진지한 얼굴로 말했어요. "계산 전에 물건을 뜯으면 도둑질이야. 마트에서는 꼭 계산 먼저 해야 해." 그제야 나는 내가 잘못했다는 걸 알게 되었어요. 다음부터는 꼭 계산을 먼저 한 뒤에 먹기로 형이랑 약속했어요.

대화 상자

이준 형! 나 아이스크림 먹고 싶어.
형 그래~ 엄마가 사 오라고 하신 거 다 고르고 나면 아이스크림도 골라보자.
이준 지금! 지금 아이스크림 먹고 싶어.
형 이준아 엄마 심부름부터 해야지.
이준 그럼 나 골라보고 있을게.
형 뭐 살지 보기만 하고 있어.
이준 (아이스크림 비닐을 뜯고) 먹는중..
형 이준아! 계산도 안 하고 먹으면 어떡해! 경찰 아저씨가 이준이 잡아가신다!

어휘 상자

어휘	뜻	예문
심부름 명	남이 시키는 일을 하여 주는 일	아빠의 **심부름**으로 아이스크림을 사러 나왔어요.
마트 명	큰 규모의 소매점 따위를 이르는 말	**마트**에 가면 다양한 물건들이 있어요.
뜯다 동	붙거나 닫힌 것을 떼거나 찢거나 하다	아이스크림을 계산하기 전에 **뜯었어요**.
발견하다 동	알아내다, 찾아내다	마트에 가서 먹고 싶었던 과자를 **발견했어요**.
잘못 명	그릇된 일	계산하기 전에 뜯는 것은 **잘못**된 행동이에요.

상황 상자

- **이곳은 어디인가요?** 마트
- **누가 있나요?** 형과 이준이
- **무엇을 하고 있나요?** 엄마의 심부름을 하고 있어요.
- **어떤 문제가 생겼나요?** 이준이가 계산하지 않고 아이스크림을 먹었어요.

추론 상자

- 이준이는 왜 계산을 하지 않고 아이스크림을 먹었나요?
- 계산하지 않고 아이스크림을 먹으면 어떤 일이 생길 수 있나요?
- 다음에 마트에 가면 어떤 순서로 행동해야 할까요?

물건을 계산하기 전에 먹거나 뜯고 싶었던 적이 있었나요?
그 때 어떻게 행동했는지 이야기해 보세요.

36 음악 시간에 노랫소리가 시끄럽다고 귀를 막고 소리를 질렀어요

이야기 상자

내가 제일 좋아하는 시간은 바로 **음악** 시간이에요. 지난 시간에 배운 노래는 부모님께 감사한 마음을 담아 부르는 노래였어요. 선생님의 **피아노** 반주 소리는 정말 **감미로웠고**, 나는 조용히 귀를 기울였어요. 그런데 친구들이 함께 노래를 부르기 시작하자 갑자기 너무 **시끄럽게** 느껴졌어요. 나는 깜짝 놀라 "으악!" 하고 소리를 질러버렸어요. 선생님께서 놀라시며 "왜 그렇게 소리를 질렀니?" 하고 이유를 물어보셨어요. 나는 조용히 "친구들 목소리가 너무 시끄러워서요…" 라고 말했어요. 그러자 선생님은 웃으시며 말씀하셨어요. "음악 시간엔 함께 **노래**하는 거란다. 너도 신나게 같이 불러보자" 그래서 나도 용기 내어 노래를 부르기 시작했어요. 내가 함께 노래를 부르니 친구들 노랫소리가 시끄럽게 느껴지지 않았고 더 즐겁고 재미있었어요.

대화 상자

선생님 자 오늘은 지난 시간에 배운 노래를 불러볼 거예요.
지아 네~ 노래 다 기억나요.
선생님 반주 소리에 맞춰서 노래 시작하는 거예요.
지아 (친구들 노래하는 중) 으악! 시끄러워.
선생님 지아야, 무슨 일이니?
지아 노랫소리가 너무 시끄러워요.
선생님 지금은 음악 시간이잖아. 지아도 즐겁게 노래해 보자.

어휘 상자

어휘	뜻	예문
음악 명	목소리나 악기를 통하여 사상 또는 감정을 나타내는 예술	**음악** 시간에 멜로디언 연주를 했어요.
피아노 명	손가락으로 건반을 눌러서 소리를 내는 악기	7살부터 **피아노** 학원에 다녔어요.
감미롭다 형	달콤한 느낌이 있다	아빠가 불러주는 자장가는 **감미로워요**.
시끄럽다 형	듣기 싫게 떠들썩하다	형이 불러주는 자장가는 **시끄러워요**.
노래 명	소리 내어 부르는 것	우리 가족은 **노래**를 잘 불러요.

상황 상자

- **이곳은 어디인가요?** 학교
- **누가 있나요?** 선생님과 지아와 친구들
- **무엇을 하고 있나요?** 노래를 부르고 있어요.
- **어떤 문제가 생겼나요?** 지아가 소리를 질렀어요.

추론 상자

- **지아는 왜 음악 시간에 소리를 질렀을까요?**
- **음악 시간인데 친구들의 노랫소리가 시끄럽다고 소리 지르면 어떻게 될까요?**
- **음악 시간에 모두가 즐겁게 참여하는 방법에는 어떤 것들이 있을까요?**

처음에는 어려웠지만 함께 해보니 재미있었던 경험이 있었다면 이야기해 보세요.

37 게임에서 져서 게임판을 던졌어요

이야기 상자

오늘은 친구네 집에 놀러 가서 **보드게임**을 했어요. 친구는 "이거 아빠랑 자주 해서 **익숙해**"라고 말했지만, 나는 처음 해보는 게임이라 좀 낯설고 어렵게 느껴졌어요. 게임을 하다가 벌써 세 번이나 지니까 속상하고 짜증이 나기 시작했어요. 친구는 "이길 때도 있고 질 때도 있는 거야"라며 나를 **위로**해 줬지만, 그 말이 왠지 모르게 더 **약이 오르게** 들렸어요. 결국 **화**를 참지 못하고 보드게임을 던져 버렸어요. 친구는 깜짝 놀라 당황한 표정으로 나를 바라봤고, 그 모습을 보니 갑자기 마음이 미안해졌어요.

대화 상자

친구 오예! 원숭이가 많이 안 떨어졌다!
승우 너 보드게임 엄청 잘 한다~
친구 아빠랑 많이 해봐서 그런 거 같아
승우 나는 원숭이 엄청 많은데.. 자꾸 지니까 짜증 나..
친구 이길 때도 있고 질 때도 있는 거지~
승우 아 벌써 세 번째 지는 거야!
친구 그럼, 우리 다른 게임 할까?
승우 아 너랑 게임 안 해!! 맨날 나만 져!
친구 야! 그렇다고 게임을 던지면 어떡해!

어휘 상자

어휘	뜻	예문
보드게임 명	종이나 나무판으로 된 놀이 도구 주변에 여럿이 둘러앉아 즐기는 놀이	우리 집에는 보드게임이 많이 있어요.
익숙하다 형	노련하다	아빠는 운전을 많이 하셔서 익숙하다고 했어요.
위로 명	따뜻한 말과 행동으로 슬픔을 달래 줌	엄마에게 혼나서 속상했는데 형이 위로해 주었어요.
약오르다 자	비위가 상하여 은근히 화가 나다	친구가 나보다 더 큰 아이스크림을 가져가서 약 올랐어요.
화 명	노여움	엄마는 동생이 말썽을 부려서 화가 나셨어요.

상황 상자

- **이곳은 어디인가요?** 친구네 집
- **누가 있나요?** 승우와 친구
- **무엇을 하고 있나요?** 보드게임을 하고 있어요.
- **어떤 문제가 생겼나요?** 승우가 친구에게 화를 내고 보드게임을 던졌어요.

추론 상자

- **승우는 왜 게임을 던졌을까요?**
- **게임을 하다가 자꾸 지면 어떤 기분이 드나요?**
- **게임에서 지는 것이 속상할 때는 어떻게 하면 좋을까요?**

게임을 하다가 진 적이 있다면 그때 어떤 기분이었는지 어떻게 행동했는지 이야기해 보세요.

38 친구의 티셔츠를 갑자기 만졌어요

이야기 상자

저 멀리서 친구가 걸어오고 있었어요. 그런데 친구 티셔츠에 있는 반짝반짝 빛나는 꽃 그림이 **눈에 띄었어요**. 정말 **예뻤어요**. 나도 저런 멋진 옷을 입고 싶었어요. 그런데 내 티셔츠는 그냥 그림만 그려져 있고, 반짝이지 않아서 살짝 아쉬웠어요. 친구의 티셔츠가 너무 예뻐서, 나도 모르게 손으로 꽃 그림을 만졌어요. 그 순간, 친구가 깜짝 놀라며 말했어요. "왜 내 **몸**을 **함부로** 만져? 만지지 마!" 나는 그제야 깨달았어요. 티셔츠를 만지는 것도 친구는 자신의 몸을 만지는 것처럼 느낄 수 있다는 것을요. 아무리 친구 옷이 예뻐도 허락 없이 손으로 만지면 안되는 행동이었어요. 정말 미안한 마음이 들어서 친구에게 진심으로 **사과했어요**. 다음부터는 꼭 눈으로만 보기로 다짐했어요.

대화 상자

예나 너 옷에 있는 꽃이 반짝반짝 빛나네?

친구 응! 이거 어제 엄마랑 옷 가게 가서 샀어.

예나 진짜 예쁘다~ 우와~

친구 야아! 그렇다고 내 몸을 만지면 어떡해!

예나 아! 미안해.. 반짝거리는 꽃이 너무 예뻐서 나도 모르게 그만..

친구 눈으로만 봐야지 내 몸을 만지면 불쾌해.

어휘 상자

어휘	뜻	예문
눈에 띄다 구	두드러지게 드러나다	할머니 댁 파란 대문이 **눈에 띄었어요**.
예쁘다 형	곱다	언니가 입은 치마가 **예뻐요**.
몸 명	머리부터 발끝까지 모두	목욕탕에서 온**몸**을 깨끗하게 닦았어요.
함부로 부	마음 내키는 대로 마구	다른 사람의 물건을 **함부로** 만지면 안 돼요.
사과하다 동	잘못을 인정하고 용서를 빌다	친구의 장난감을 망가뜨려서 **사과했어요**.

상황 상자

- **이곳은 어디인가요?** 밖, 길가
- **누가 있나요?** 예나와 친구
- **무엇을 하고 있나요?** 예나가 친구 옷을 보고 예쁘다고 하고 있어요.
- **어떤 문제가 생겼나요?** 예나가 친구의 옷을 만지면서 친구의 몸을 만지게 되었어요.

추론 상자

- **예나가 친구의 티셔츠에 있는 그림을 만졌을 때 친구가 왜 소리쳤을까요?**
- **친구가 입고 있는 티셔츠가 예쁘다고 갑자기 만지면 어떤 일이 생길까요?**
- **예쁜 옷이나 물건을 만지고 싶을 땐 어떻게 해야 할까요?**

친구의 옷에 내가 좋아하는 그림이 그려져 있던 경험이 있나요?
어떤 친구였는지 어떤 그림이었는지 이야기해 보세요.

39 준비운동도 안 하고 물에 뛰어 들어갔어요

이야기 상자

수영 수업은 정말 재미있어요. 물속에서 **헤엄치면** 내가 마치 물고기가 된 것 같은 기분이 들어요. 하지만 수업을 시작하기 전에는 반드시 **준비운동**을 해야 해요. 빨리 물에 들어가고 싶은 마음에 준비운동 시간이 너무 길게 느껴졌어요. 그래서 몰래 기회를 **노리다가**, 선생님이 다른 친구들을 보고 있는 틈을 타서 물을 향해 뛰어갔어요. 그런데! 다른 선생님께 금방 **붙잡히고** 말았어요. 선생님은 "준비운동을 하지 않으면 몸이 놀라서 **안전사고**가 날 수 있어. 꼭 지켜야 해."라고 말씀하셨어요. 나는 물에 빨리 들어가고 싶은 마음을 참기 어려웠지만, 다음부터는 안전을 위해 꼭 준비운동을 끝내고 들어가기로 약속했어요.

대화 상자

선생님 자 이번엔 허리 운동~ 하나, 둘, 셋, 넷
시우 선생님 언제 물속에 들어가요?
선생님 준비운동 다 하고 들어갈 거예요.
시우 빨리 물속에 들어가고 싶어요.
선생님 준비운동 안 하고 들어가면 몸이 놀라요~ 마무리 운동 하고 들어가자.
시우 와다다다다. (뛰어간다)
선생님 시우야!!!!! 지금 들어가면 안 돼!

어휘 상자

어휘	뜻	예문
헤엄치다 동	수영하다	헤엄칠 때 살랑거리는 물고기의 꼬리가 신기해요.
준비운동 명	몸을 풀기 위하여 하는 가벼운 운동	물속에 들어가기 전에는 준비운동을 해야 해요.
노리다 동	무엇을 이루려고 모든 마음을 쏟아서 눈여겨보다	친구가 나를 노려보았어요.
붙잡히다 동	걸리다	도망가다 선생님께 붙잡혔어요.
안전사고 명	부주의 따위로 일어나는 사고	해수욕장에서는 안전사고에 주의해야 해요.

상황 상자

- **이곳은 어디인가요?** 수영장
- **누가 있나요?** 선생님과 시우
- **무엇을 하고 있나요?** 수영을 하려고 해요.
- **어떤 문제가 생겼나요?** 시우가 준비운동을 안 하고 물속에 들어가려고 해요.

추론 상자

- **시우는 왜 준비운동을 하지 않고 물속으로 들어가려고 했나요?**
- **준비운동을 하지 않고 물속에 들어가면 어떤 일이 생길 수 있나요?**
- **준비운동을 하는 방법에는 어떤 것들이 있을까요?**

준비운동이 귀찮다고 느껴졌던 적이 있거나 준비운동을 하지 않아서 위험했던 상황이 있었다면 이야기해 보세요.

수영복 입기
샤워 후
입장하기
수영장
들어가는 길

40 수영복은 답답해서 입기 싫어요

이야기 상자

수영장에 가는 날은 아침에 눈을 뜨자마자 기분이 좋아져요. 그런데 **수영복**은 몸에 꼭 끼어서 조금 **답답해요**. 입을 때마다 "으악, 너무 꽉 껴!" 하는 말이 절로 나와요. 그렇지만 수영복을 입지 않으면 수영장에 **입장**할 수 없대요. 왜 꼭 수영복을 입어야만 수영장에 들어갈 수 있는 걸까요? 편한 옷 입고 들어가면 안 될까? 그런 생각도 들어요. 그렇지만 수영이 너무 재미있고, 수영장에 꼭 들어가고 싶어서 답답한 수영복을 꾹 참고 **입었어요**. 그런데 신기하게도, 물속에서 헤엄치다 보니 처음에 **느꼈던** 답답한 느낌이 점점 사라졌어요. 오히려 몸에 잘 붙어서 더 편하게 움직일 수 있었어요!

대화 상자

엄마 이제 수영복으로 갈아입고 들어가자.

예나 엄마 수영할 때 꼭 수영복 입어야 해요?

엄마 당연하지 꼭 수영복을 입고 들어오라는 안내문이 있는데?

예나 수영복이 너무 답답한데요...

엄마 그럼, 수영 못하는데? 집으로 갈까?

예나 아니에요! 하고 싶어요. 근데 수영복은 안 입고 싶어요.

엄마 예나가 결정해. 엄마는 예나가 하자는 대로 할 거야.

어휘 상자

어휘	뜻	예문
수영복 명	수영할 때에 입는 옷	다음 주부터 강습하기로 해서 **수영복**을 샀어요.
답답하다 형	숨쉬기가 어렵다	꽉 끼는 옷을 입으니 **답답해요**.
입장하다 동	들어가다	입장료를 내고 동물원에 **입장해요**.
입다 동	걸치다	수영할 때에는 수영복을 **입어야** 해요.
느낌 명	몸의 감각이나 마음으로 아는 기운이나 감정	수영복을 입으니 꽉 끼는 **느낌**이 들었어요.

상황 상자

- **이곳은 어디인가요?** 수영장 탈의실
- **누가 있나요?** 엄마와 예나
- **무엇을 하고 있나요?** 수영장에 들어가려고 해요.
- **어떤 문제가 생겼나요?** 예나가 수영복을 입지 않으려고 해요.

추론 상자

- **예나는 왜 수영복을 입지 않겠다고 했나요?**
- **수영복을 입지 않고 수영장에 들어가면 어떻게 될까요?**
- **수영복이 답답하게 느껴질 때 편하게 입을 수 있는 방법에는 어떤 것이 있을까요?**

수영장이나 워터파크에 갔던 경험이 있나요?
누구와 갔는지, 가서 무엇을 하고 놀았는지 이야기해 보세요.

41 달리는 차 창밖으로 머리와 손을 내밀었어요

이야기 상자

바람이 솔솔 불고 햇살이 따스한 날, 가족들과 함께 차를 타고 나들이를 가는 중이에요. 요즘은 **미세먼지** 때문에 하늘이 **뿌옇고** 답답한 날이 많았는데, 오늘은 미세먼지도 없고, 맑고 파란 하늘을 올려다 보니 내 마음까지 **깨끗해지는** 느낌이 들었어요. 이 맑은 **날씨**에 **취한** 나머지, 창문을 열고 머리와 손을 밖으로 내밀었어요. 그 순간, 아빠가 깜짝 놀라 소리치셨어요. "창문 밖으로 몸을 내밀면 정말 위험해! 절대 그러면 안 돼!" 앞으론 기분이 아무리 좋아도, 무엇보다 안전을 먼저 생각해야겠어요.

대화 상자

지아 아빠, 날씨가 정말 좋아요.

아빠 그러게~ 바람도 적당히 불고 화창하구나.

지아 아~~ 시원하다.

아빠 지아야! 창문 밖으로 손이랑 머리를 내밀면 어떡해!

지아 날씨도 좋고 시원해서요.

아빠 큰일 나! 그러다가 옆 차에 부딪히기라도 하면 어쩌려고! 절대 안 돼.

지아 네 아빠.. 다음부턴 안 그럴게요.

어휘 상자

미세먼지 명	입자가 아주 작은 먼지	**미세먼지**가 많은 날에는 마스크를 써야 해요.
뿌옇다 형	선명하지 못하고 좀 허옇다	창문에 먼지가 쌓여서 **뿌예요**.
깨끗하다 형	깔끔하다	방을 청소하니 **깨끗해요**.
날씨 명	기후, 기상	여름에는 **날씨**가 더워요.
취하다 동	어떤 것에 마음을 빼앗기다	아빠가 회식하고 **취해서** 들어오셨어요.

상황 상자

- **이곳은 어디인가요?** 차 안
- **누가 있나요?** 지아와 가족들
- **무엇을 하고 있나요?** 나들이를 가고 있어요.
- **어떤 문제가 생겼나요?** 지아가 창문 밖으로 머리와 손을 내밀었어요.

추론 상자

- **지아는 왜 창문 밖으로 머리와 손을 내밀었나요?**
- **달리는 차에서 창문 밖으로 머리나 손을 내밀면 어떤 일이 생길 수 있나요?**
- **차 안에서 안전하게 즐기는 방법에는 어떤 것이 있을까요?**

차를 타고 나들이 갔을 때 기분 좋아서 신나게 했던 행동들을 이야기해 보세요.

42 늦은 밤에 악기를 연주했어요

이야기 상자

오늘은 방과 후 수업에서 **바이올린**을 배웠어요. 손가락을 움직일 때마다 달라지는 소리가 너무 재미있었어요. 수업이 끝난 뒤에도 계속 생각나서, 저녁을 먹고 쉬는 동안 바이올린을 꺼내 **연주**해 보았어요. 그런데 그때 아빠가 조용히 말씀하셨어요. "지금은 저녁 시간이고 다들 쉬는 시간이니까, 큰 소리는 다른 사람에게 **방해**가 될 수 있어." 그 말을 듣자 문득 떠오르는 방송 소리가 있었어요. "늦은 시간에는 악기 소리를 **자제해** 주세요. 이웃을 **배려**하는 마음이 필요합니다." 앞으로는 늦은 시간에는 연주를 자제하고, 모두를 배려하는 연주자가 되어야겠다고 다짐했어요.

대화 상자

이준 우히히 신난다.

아빠 이준아! 뭐 하는 거야 지금?

이준 아빠 오늘 배웠는데 너무 재미있어요.

아빠 이준아 지금 시간이 몇 시야? 저녁 시간에 이렇게 바이올린 연주를 하면 어떡해!

이준 왜 안 돼요?

아빠 모두 집에서 쉬는 시간인데 시끄럽게 하면 안돼.

어휘 상자

어휘	뜻	예문
• **바이올린** 명	서양 현악기의 하나	방과후에 **바이올린** 수업을 들으러 가기로 했어요.
• **연주** 명	악기를 다루어 곡을 표현하거나 들려주는 일	언니가 피아노 **연주**를 해주었어요.
• **방해** 명	남의 일을 간섭하여 해를 끼침	공부하는데 동생이 자꾸 **방해**해요.
• **자제하다** 동	삼가다	소리 지르는 것을 **자제해** 달라고 했어요.
• **배려** 명	도와주거나 보살펴 주려고 마음을 씀	선생님이 **배려**해 주셔서 감사한 마음이 들었어요.

상황 상자

- **이곳은 어디인가요?** 집 안
- **누가 있나요?** 아빠와 이준이
- **무엇을 하고 있나요?** 바이올린 연주를 하고 있어요.
- **어떤 문제가 생겼나요?** 늦은 시간에 바이올린 연주를 했어요.

추론 상자

- **이준이는 왜 늦은 시간에 악기연주를 했나요?**
- **왜 저녁 시간에 악기를 크게 연주하면 안 될까요?**
- **악기를 연주할 때 다른 사람에게 피해를 주지 않으려면 어떻게 해야 할까요?**

내가 좋아하던 것을 하다가 다른 사람에게 방해가 된 적이 있었나요?
그때 어떻게 했었는지 이야기해 보세요.

43 영화관에서 갑자기 일어나서 만세를 외쳤어요

이야기 상자

오늘은 엄마와 함께 **영화**를 보러 갔어요. 주인공이 적의 **공격**을 받는 장면에서는 가슴이 두근두근, 너무 긴장됐어요. 그런데 드디어! **주인공**이 용기 있게 맞서 싸워 적을 물리치고 "**만세**!"를 외치는 장면이 나왔어요. 너무 기뻐서 저도 모르게 자리에서 벌떡 일어나 "만세!"를 외쳤어요. 그 순간, 뒤에 앉아 있던 분들이 "자리에 앉아 주세요!"라며 소리쳤어요. 영화관 안에는 다른 사람들도 많다는 걸 **깜빡했던** 거예요. 기쁜 마음에 주변을 배려하지 못한 제 행동이 부끄러웠어요. 조용히 죄송하다고 사과하고, 얼른 자리에 앉았어요.

대화 상자

시우 와아~~~만세~~~~

사람들 저기요! 얼른 앉아요.

엄마 시우야! 일어나면 어떡해! 뒤에 사람들한테 방해되잖아

시우 너무 기분 좋은 상황이잖아요~ 그래서 주인공처럼 저도 만세 한 거예요.

엄마 영화관에서는 마음속으로만 해야지 진짜 그렇게 하면 안돼

시우 아! 사람들이 많이 있는 걸 깜빡했어요.

엄마 죄송합니다!

시우 죄송합니다!

어휘 상자

어휘	뜻	예문
영화 명	영사기로 영사막에 재현하는 종합 예술	가족들과 **영화**를 보러 가기로 했어요.
공격 명	나아가 적을 침	형과 힘을 합쳐 아빠를 **공격**하기로 했어요.
주인공 명	사건의 중심이 되는 인물	만화 속에 나오는 **주인공**이 울고 있어요.
만세 명	두 손을 높이 들면서 외치는 말에 따라 행하는 동작	친구들과 함께 **만세**를 했어요.
깜빡하다 동	까먹다	**깜빡하고** 학교에 우산을 두고 왔어요.

상황 상자

- **이곳은 어디인가요?** 영화관
- **누가 있나요?** 시우와 엄마와 영화를 보는 사람들
- **무엇을 하고 있나요?** 영화를 보고 있어요.
- **어떤 문제가 생겼나요?** 영화를 보는 도중에 큰 소리로 말하고 자리에서 일어났어요.

추론 상자

- 시우는 왜 영화 보는 도중에 일어나서 만세를 했나요?
- 시우의 행동을 본 다른 사람들은 어떤 기분이었을까요?
- 영화관에서 영화를 볼 때 어떤 태도로 봐야 할까요?

너무 신나서 나도 모르게 큰 소리나 행동을 한 적이 있었다면
그때 어떤 일이 있었는지 이야기해 보세요.

44 무단횡단을 하려고 했어요

이야기 상자

오늘은 아빠가 휴가여서, **하교**할 때 데리러 온다고 하셨어요. 아빠를 만나 신난 마음으로 집에 가서 간식을 먹을 생각에 기분이 들떴어요. 그런데 길을 건너려고 보니 **횡단보도 신호**가 빨간불이었어요. 기다리기 싫었던 나는 **무단횡단**을 하려고 했어요. 그 순간, 아빠가 깜짝 놀라 내 팔을 잡아당기며 말렸어요. "안 돼! 빨간불일 땐 **건너면** 안 돼!" 바로 그때, 쌩— 하고 자동차 한 대가 빠르게 지나갔어요. 순간 가슴이 콩닥콩닥 뛰었어요. 만약 내가 무단횡단을 했다면… 큰일 날 뻔했어요. 그제야 깨달았어요. 신호를 지키지 않고 길을 건너는 건 정말 위험한 행동이라는 걸요.

대화 상자

아빠 이제 집에 가서 맛있는 간식 먹자
승우 빨리 가요!
아빠 천천히 가도 돼~
승우 아! 빨간불로 바뀌었어요. 아빠! 무단횡단 해요!
아빠 승우야!! 안돼! 횡단보도로 가야지!
승우 괜찮아요~ 차 안 오잖아요.
아빠 승우야! 저기 차! 멈춰!

어휘 상자

어휘	뜻	예문
하교 명	공부를 끝내고 학교에서 집으로 돌아옴	**하교** 후 피아노 학원에 가야 해요.
횡단보도 명	건널목	마트 앞 **횡단보도**를 건너면 꽃가게가 있어요.
신호 명	어떤 뜻을 알리는 것	친구가 나에게 눈빛으로 **신호**를 보냈어요.
무단횡단 명	횡단보도가 아닌 곳에서 도로를 가로질러 감	**무단횡단**을 하면 사고가 날 수 있어요.
건너다 동	무엇을 사이에 두고 한편에서 맞은편으로 가다	길을 **건너서** 오른쪽으로 가면 장난감 가게가 있어요.

상황 상자

- **이곳은 어디인가요?** 횡단보도 앞
- **누가 있나요?** 아빠와 승우
- **무엇을 하고 있나요?** 길을 건너려고 해요.
- **어떤 문제가 생겼나요?** 승우가 무단횡단을 하려고 했어요.

추론 상자

- **승우는 왜 무단횡단을 하려고 했나요?**
- **횡단보도 신호가 빨간불일 때 길을 건너면 어떤 일이 벌어질 수 있나요?**
- **횡단보도나 좁은 길을 건널 때 지켜야 하는 약속에는 무엇이 있을까요?**

길을 건너다 위험했던 순간이 있었나요?
그때 어떤 일이 있었고, 어떻게 대처했는지 이야기해 보세요.

45 립밤을 바르기 싫어하다 입술이 터졌어요

이야기 상자

겨울이 되면 날씨가 **건조**해져요. 그래서 입술이 **바싹바싹** 말라서 찢어지고, 피가 나기도 해요. 아프고 따갑고, 말할 때도 불편해요. 엄마는 **립밤**을 바르면 입술이 **촉촉해져서** 피가 안 난다고 하셨어요. 그런데 립밤을 바르면 입술이 무거운 옷을 입은 것처럼 **답답한** 느낌이 들어요. 립밤을 안 바르면 아프고, 바르면 답답하고 정말 고민이에요. 이럴 땐 어떻게 하면 좋을까요? 답답하지 않은 립밤도 있을까요? 입술을 촉촉하게 지낼 수 있는 다른 방법은 없을까요?

대화 상자

엄마 예나야 너무 추워서 입술이 건조하잖아. 립밤 바르자.

예나 입술 답답해서 싫어요.

엄마 너 지금 입술 다 터서 피나잖아.

예나 그래도 답답한 건 싫어요.

엄마 립밤 바르면 입술이 촉촉해져.

예나 바르기 싫어요.

어휘 상자

어휘	뜻	예문
• **건조** 명	말라서 습기가 없음	겨울이 되니 날씨가 **건조**해요.
• **바싹바싹** 부	자꾸 마르거나 타들어 가는 모양	나뭇잎이 **바싹바싹** 말랐어요.
• **립밤** 명	입술에 영양을 주며, 트는 것을 막기 위하여 바르는 화장품	화장품 가게에 가서 **립밤**을 샀어요.
• **촉촉하다** 형	물기가 있어 조금 젖은 듯하다	비가 와서 땅이 **촉촉해요**.
• **답답하다** 형	숨이 막힐 듯이 갑갑하다	저녁 먹은 것이 체해서 **답답해요**.

Q&A 상황 상자

- **이곳은 어디인가요?** 밖
- **누가 있나요?** 엄마와 예나
- **무엇을 하고 있나요?** 엄마가 예나에게 립밤을 발라주려고 해요.
- **어떤 문제가 생겼나요?** 예나가 립밤을 바르지 않아서 입술이 찢어지고 피가 났어요.

추론 상자

- **예나는 왜 립밤을 바르지 않으려고 했나요?**
- **입술이 건조해서 갈라졌는데 립밤을 바르지 않으면 어떤 문제들이 생길까요?**
- **건조할 때 촉촉하게 할 수 있는 다른 방법들은 무엇이 있을까요?**

날씨가 건조한데 립밤이나 로션을 바르지 않아서 입술이 트고, 손이 튼 적이 있는지 이야기해 보세요.

급식실

더 먹고 싶어서 친구 반찬을 뺏으려고 했어요

이야기 상자

급식 시간이 되었어요. 오늘 반찬 중에는 내가 제일 좋아하는 **돈가스**가 나왔어요! **배식**해 주시는 선생님께 "많이 주세요!"라고 말했지만, "한 사람당 세 개씩만 줄 수 있어요."라고 하셨어요. 맛있는 반찬은 항상 조금만 나와서 너무 아쉬워요. 그런데 옆에 앉은 친구가 다른 데를 보는 순간, 나도 모르게 돈가스를 **빼앗으려다가** 그만 **들켜버렸어요**. 친구가 깜짝 놀라며 화를 냈고, 나는 얼른 미안하다고 **사과했어요**. 내가 너무 욕심을 부렸던 것 같아 부끄러웠어요. 앞으로는 정해진 만큼만 먹고, 친구 음식엔 손대지 않기로 약속했어요.

대화 상자

시우 오늘 반찬 맛있는 거 나왔다!

친구 진짜! 돈가스 반찬 나와서 좋아.

시우 많이 받고 싶었는데 3개씩만 준다고 해서 아쉬워.

친구 항상 맛있는 반찬은 조금만 주는 거 같아.

시우 으히히히히

친구 야! 내 반찬이야! 왜 뺏어가!

시우 미안.. 장난친거야.

어휘 상자

어휘	뜻	예문
• **돈가스** 명	빵가루를 묻힌 돼지고기를 기름에 튀긴 요리	엄마와 나는 **돈가스**를 제일 좋아해요.
• **배식** 명	단체에서 식사를 나누어 줌	급식실에서 **배식**해 주는 아주머니께서 반찬을 많이 주셨어요.
• **빼앗다** 동	남의 것을 억지로 가져가다	친구는 내 반찬을 **빼앗았어요**.
• **들키다** 동	걸리다	살금살금 걸어오고 있었는데 선생님께 **들켰어요**.
• **사과하다** 동	자기의 잘못을 인정하고 용서를 빌다	친구와 싸웠는데 선생님이 서로 **사과하라고** 하셨어요.

Q&A 상황 상자

- **이곳은 어디인가요?** 급식실
- **누가 있나요?** 시우와 친구
- **무엇을 하고 있나요?** 점심을 먹고 있어요.
- **어떤 문제가 생겼나요?** 시우가 친구 반찬을 뺏으려고 했어요.

추론 상자

- **시우는 왜 친구의 돈가스를 뺏으려고 했나요?**
- **친구의 돈가스를 뺏어 먹었으면 어떤 일이 생길까요?**
- **다음에 좋아하는 음식이 나왔을 때 어떻게 행동하면 좋을까요?**

친구와 음식을 나눠 먹거나 먹고 싶은 욕심을 참았던 경험이 있다면 이야기해 보세요.

47 공중화장실에서 문을 열어둔 채로 쉬를 했어요

이야기 상자

쉬가 마려워서 급하게 화장실에 들어갔어요. 그런데 갑자기 친구가 깜짝 놀란 얼굴로 나를 **쳐다보며** "너 뭐 하는 거야?"라고 말했어요. 순간 나도 화가 나서 '왜 남의 쉬하는 걸 쳐다봐?'라고 말했어요. 잠시 후, 내가 실수했다는 걸 깨달았어요. 화장실 **문**을 닫지 않고 **열어둔** 채로 쉬를 하고 있었던 거예요. 그 순간, 집에 있는 줄 알고 **착각했던** 거였어요. '아… 나 진짜 왜 그랬지?' 내 머릿속에 **지우개**가 있는 것처럼 기억이 지워졌나 봐요. 친구에게 이런 모습을 보이다니 너무 부끄러웠어요.

대화 상자

지아 으으~ 참았다가 누니까 시원하네.
친구 너 뭐 하는 거야?
지아 너는 왜 내가 쉬하는 거 구경해?
친구 지아야! 너가 지금 문을 열고 쉬 하잖아.
지아 아! 나는 지금 여기가 학교가 아니고 집인 줄 알았어.
친구 그러면 어떡해. 아우 창피해.
지아 착각했어.. 부끄럽다. 문 닫는다.

어휘 상자

• **쳐다보다** 동	얼굴을 들어 바로 보다	사람들이 모두 아기를 **쳐다봐요**.
• **문** 명	달아놓고 여닫게 만든 시설	방**문**을 열어놓고 잠을 잤더니 모기가 들어왔어요.
• **열다** 동	닫히거나 잠긴 것을 트거나 벗기다	창문을 활짝 **열었더니** 시원해요.
• **착각** 명	착오, 혼동	친구 생일이 오늘인 줄 **착각**했어요.
• **지우개** 명	글씨나 그림 따위를 지우는 물건	필통에 있던 **지우개**가 안 보여요.

상황 상자

- **이곳은 어디인가요?** 화장실
- **누가 있나요?** 지아와 친구
- **무엇을 하고 있나요?** 지아가 쉬를 하고 있어요.
- **어떤 문제가 생겼나요?** 지아가 문을 열고 쉬를 하고 있어요.

추론 상자

- **지아는 왜 화장실 문을 닫지 않고 쉬를 했나요?**
- **친구 앞에서 실수했을 때, 지아는 어떤 기분이 들었을까요?**
- **공중화장실에서 꼭 지켜야 할 규칙은 무엇이 있을까요?**

실수해서 부끄러웠던 적이 있었나요?
그때의 기분과 어떻게 해결하였는지 이야기해 보세요.

뿡

48 방귀를 참지 않고 뀌었어요

이야기 상자

아침에 엄마가 보리밥을 해주셨어요. **보리밥** 위에 여러 가지 나물을 올리고 쓱쓱 **비벼** 먹으니 정말 맛있었어요. 그런데 수업 시간이 되자 배에서 이상한 느낌이 들기 시작했어요. 보리밥 때문인지 자꾸 **방귀**가 나올 것 같은 거예요. 열심히 참고 또 참았지만, 결국 '뿡!' 하고 방귀를 뀌고 말았어요. '제발 아무도 몰랐으면 좋겠다…' 하고 있었는데, **짝꿍**이 코를 찡그리고 "방귀 냄새 나!"라고 말했어요. 순간 너무 부끄러웠지만, 나는 용기 내어 내가 뀌었다고 **이실직고**했어요. 짝꿍은 잠시 놀란 표정을 짓더니, 금세 웃으며 괜찮다고 했어요. 민망했지만, 솔직하게 말하길 잘했다는 생각이 들었어요.

대화 상자

친구 으악! 이게 무슨 냄새야!
시우 응? 무슨 냄새?
친구 누가 방귀를 뀌었나 봐.
시우 아……
친구 혹시 시우 너야?
시우 아하하하 미안.. 아침에 보리밥 먹었더니
친구 괜찮아.. 사람이 방귀를 뀔 수도 있지.
시우 이해해 줘서 고마워.

어휘 상자

어휘	뜻	예문
• **보리밥** 명	보리로 지은 밥	식당에 가서 **보리밥**과 칼국수를 먹었어요.
• **비비다** 동	어떤 재료에 다른 재료를 넣어 한데 버무리다	나물을 넣고 **비벼** 먹었어요.
• **방귀** 명	뱃속에서 음식물이 발효되면서 똥구멍으로 나오는 가스	보리밥을 많이 먹었더니 **방귀**를 많이 뀌었어요.
• **짝꿍** 명	짝을 이루는 동료	선생님은 **짝꿍**에게 편지를 쓰라고 하셨어요.
• **이실직고** 명	고백	엄마가 거짓말을 하지 말고 **이실직고** 하라고 하셨어요.

상황 상자

- **이곳은 어디인가요?** 교실
- **누가 있나요?** 시우와 친구
- **무엇을 하고 있나요?** 수업을 듣고 있는 중이에요.
- **어떤 문제가 생겼나요?** 시우가 방귀를 참지 못하고 뀌었어요.

추론 상자

- **시우는 왜 방귀를 참지 못하고 뀌었나요?**
- **수업 시간 중 방귀가 나올 것 같을 때 어떻게 해야 할까요?**
- **실수로 방귀를 뀌었을 때 어떻게 행동하면 좋을까요?**

사람들이 많은 곳에서 민망한 일이 있었나요?
어떤 상황이었는지 이야기해 보세요.

음식물
섭취금지
뛰지마세요
큰 소리
내지 않기

49 도서관에서 뛰어다녀요

이야기 상자

친구와 함께 도서관에 갔어요. 친구가 "공주 그림이 나오는 책을 누가 더 **빨리** 찾는지 게임하자!"고 제안했어요. 빨리 찾고 싶은 마음에 두근거리며 책장 사이를 뛰어다녔어요. 하지만 도서관에서는 뛰면 안 되는 규칙이 있었죠. 우리는 그만 그 규칙을 **어기고** 말았고, 선생님께 혼이 난 뒤, **벌**로 도서관 **청소**를 하게 되었어요. 걸레질하며 친구와 이야기를 나누었어요. "**다시는** 도서관 규칙을 잊지 말고 잘 지키자!" 우리 둘 다 규칙을 지키는 게 얼마나 중요한지 깨닫는 시간이었어요.

대화 상자

친구 예나야 우리 누가 빨리 찾나 게임하자.
예나 좋아! 무슨 책 찾아볼까?
친구 공주 그림이 나온 책 찾는 거야.
예나 그래 알았어! 시작!
친구 내가 어디에서 봤던 것 같은데 어디였더라...
예나 아! 나 생각났다! 와다다다다다다
선생님 예나야 지금 뭐하니?
예나 선..생님..
선생님 도서관에서 뛰면 되니?
예나 죄송합니다.

어휘 상자

어휘	뜻	예문
빨리 (부)	냉큼	벌받기 전에 빨리 가야 해요.
어기다 (동)	약속 따위를 지키지 아니하고 거스르다	누나는 나와의 약속을 어겼어요.
벌 (명)	잘못하거나 죄를 지은 사람에게 주는 고통	약속을 지키지 않으면 벌을 받아요.
청소 (명)	더럽거나 어지러운 것을 쓸고 닦아서 깨끗하게 함	방을 청소했더니 깨끗해졌어요.
다시는 (부)	하던 것을 되풀이해서	앞으로 다시는 잘못된 행동을 하지 않기로 했어요.

상황 상자

- **이곳은 어디인가요?** 도서관
- **누가 있나요?** 친구와 예나와 선생님
- **무엇을 하고 있나요?** 도서관에서 게임을 하고 있어요.
- **어떤 문제가 생겼나요?** 도서관에서 뛰어다녔어요.

추론 상자

- **예나는 왜 도서관에서 뛰었을까요?**
- **도서관에서 뛰어다니면 어떤 문제가 생길 수 있나요?**
- **도서관에서 지켜야 하는 규칙에는 무엇이 있을까요?**

도서관에 가 본 경험이 있나요? 어떤 이유로 갔었나요?
가서 무엇을 했는지 이야기해 보세요.

8층
7층
6층
5층
4층

50 집에서 신나게 뛰었어요

이야기 상자

저녁을 먹고 난 뒤, 형과 함께 **전쟁**놀이를 했어요. 서로를 **공격**하고 **잡으려고** 방 안을 이리저리 뛰어다니며 놀았죠. 그러다 아빠가 "방에서 그렇게 뛰면 위험해!"하며 혼내셨어요. 뛰면 안 된다는 걸 알면서도, 형이랑 신나게 놀다 보면 그만 **까먹고** 자꾸 뛰게 돼요. **밖에서** 놀 수 있다면 좋겠지만, 이미 늦은 시간이라 밖에도 나갈 수 없어 아쉬웠어요.

대화 상자

이준	나의 공격을 받아라!
형	감히 나에게 공격하다니 너야말로 나의 공격을 받아라!
이준	우하하 형 진짜 재밌어.
형	내가 형으로 보이냐, 너와 나는 적이다!
이준	거기서라! 어딜 도망가느냐!
아빠	너희들! 방에 앉아서 조용히 놀라고 했더니 이렇게 뛰어다니면 어떡해?
이준	죄송합니다.
형	죄송합니다.

어휘 상자

어휘	뜻	예문
• 전쟁 명	단체 사이에 무력을 사용하여 싸움	옛날에는 나라끼리 **전쟁**을 했다고 해요.
• 공격 명	나아가 적을 침	축구 경기에서 **공격**수가 골을 넣었어요.
• 잡다 동	손으로 움키고 놓지 않다	친구와 손을 **잡고** 갔어요.
• 까먹다 동	깜박하다	리코더 챙겨오는 것을 **까먹었어요**.
• 밖 명	어떤 선이나 금을 넘어선 쪽	창문 **밖**에는 바람이 많이 불어요.

상황 상자

- **이곳은 어디인가요?** 집
- **누가 있나요?** 이준이와 형과 아빠
- **무엇을 하고 있나요?** 이준이와 형이 놀고 있어요.
- **어떤 문제가 생겼나요?** 늦은 시간에 집에서 너무 뛰어다녔어요.

추론 상자

- **이준이와 형은 왜 집에서 뛰었나요?**
- **늦은 시간에 집에서 뛰어다니면 어떤 일이 생길 수 있나요?**
- **늦은 시간에 집에서 조용히 놀 수 있는 방법에는 어떤 것이 있을까요?**

너무 시끄럽게 해서 이웃이 시끄럽다고 연락했던 적이 있었나요?
만약 이웃에게 연락이 온다면 뭐라고 말하면 좋을지 이야기해 보세요.